JN125826

日本書紀の系譜

いのちとつながり

徳橋達典

Tatsunori Tokuhashi

ぺりかん社

日本書紀の系譜——いのちとつながり——＊目次

カバー写真＝撮影著者

はじめに

子孫を残すためだけに、男と女はいるのだろうか。男だの女だの、陰だの陽だの取り払い、自分一人の細胞をシャーレのなかで分裂させて、子孫を増やしていけるなら、多少なりとも気が楽になる。生命科学は日進月歩。今や、性交を経ずして、細胞から子孫を培養することさえ可能になった。そうなれば、女は出産をめぐる様々なリスクから解放されるだろう。

男と女の間には、恋だの愛だの色々あって、ややこしい悶着に満ち満ちている。ただし、こうした一喜一憂が、人生を豊かなものに導くこともある。何をやるにも独りきりでは、他人の魅力に惹かれ、物狂いして、砕け散るなどという恋の試練や愛の裏切りに身を曝すこともない。こうした闇を幾度も遣り過ごしていくうちに、人は光明を見出すこともある。もちろん、擦れっ枯らしになることもある。孤独に病んでいるならば、それはまたそれで、人の温かみが身に染みて、他者と寄り添い、慈しみ合い、歓喜を分かち合うことに触れ、そこに安寧な時間を夢想することもできる。

所詮、自分独りで細胞分裂を繰り返しても、自分の子孫の欠点は修正されることもない。同じ遺伝子を持った仲間が、ただ漫然と増え続けるばかりである。何より同じ性質を持った個体だけで占められた世界では、極端な環境変化に抗いきれず、みんな仲よく全滅なんてこともある。多様な個体があってこそ、その幾人かが新たな環境に適応し、激変の波を乗り越えることができる。

チャールズ・ダーウィンが著した『種の起源』の一節〝最も強い種や最も賢い種ではなく、最も変化できる種が生き残る〟これはもはや格言として様々に訳され流布した言葉である。こうして、生物は遺伝子を与える側と受ける側に分化して、その接合によって、両者の遺伝子を混合するようになる。そういう進化があってこそ、生物はいのちを継ぐことができた。こうした進化が有性生殖の始まりとしての雌雄の分化である。つまり、他者から遺伝子をもらうという遺伝子交換によって、生命は多様性を持ち得るようになった。これこそが男女関係、性愛の物語のはじまりということになる。

遺伝子の交換によって、多様な同類他者が増えるということは、変異体を生むということでもある。こうした変異体の発生が進化の源泉にもなる。とはいうものの、変異体ばかりで溢れかえってしまうと、種の安定性はおぼつかない。そこで、男は変異性を、女は安定性を担うようになった。

配偶子とは、接合や合体によって、新たなる個体を生みなす生殖細胞をいう。この配偶子が大きければ栄養分を豊富に蓄えられる。しかし、大きくなればなったで、その動きは鈍くなり、移動もままならない。こうして、一方の配偶子は移動能力を高めるために小さくなる。この小さな雄性配偶子が精子であり、大きな雌性配偶子が卵子である。

小さな精子は栄養分を蓄えられず、長く生きることができない。このため、精子は力の限り迅速に移動して、遺伝子を卵子へ届けなければならない。届けてしまえば、精子のはたらきは完了。卵子と精子は受精を果たすと、女の体内でその新たないのちとして育まれていく。こうした雄雌の役割分担が子孫を生まない男という存在を生み出した。

生物には子孫を生み残すという種族保存本能が具わっている。ここで女は妊娠出産という重要な役割を背負うことになった。妊娠出産は女の生命に直結する非常に大きなリスクである。このため、子を生むことのない男は強くなって女を敵から守り、女が安心して子を生めるように献身するようになる。

バートランド・ラッセルは「種の保存のためにはオスが子育てに参加することが必要である。たとえば、鳥は、卵をあたためるために、のべつ抱いていなければならないし、おまけに、昼間の多くの時間を、えさを捜して過ごさなければならない。多くの種類にとって、一羽でこの両方をすることは不可能である[1]」と、両性による育児の必要性を説いた。

しかし、男と女の関係に強弱という力の差が生じると、強くなった男は女を自らの器のなかに閉じ込め、永遠の献身を捧げようとはしなくなる。古代ローマから明治民法、あるいは現代社会に至るまで、古今東西を問わず、家父長制社会あるいはその名残は女に貞操を求めた。男が憂慮したのは、子孫の真実をめぐる不確実性への疑念である。血液鑑定もＤＮＡ鑑定もない時代。本当の父親とその血統を証明できるのは、母親しかいなかったからである。

当然、家父長制のなかにあっても、女を守り慮ったということはある。とはいえ、こうあるべきだ。こうすべきだと並び立て、お為ごかしで縛りつけられることに、多くの女が苦しめられた。これがリベラルの対極とされるパターナリズムである。(2) こうした諸々の慣習を経て、今やジェンダーフリーの時代を迎えている。

かつて女人禁制であった戸隠の神域には、禁忌を破って岩になったと伝えられる比丘尼石が残されている。これらの背景には、その場所が山岳の危険個所に当たるなど、女性保護の視点が含まれていることも忘れてはならない。今もなお古社寺の神域・聖域や特定の祭祀の期間中、女人禁制あるいは男子禁制の慣習を敷いているところもある。こうした慣習については、各社寺の信仰の事実に鑑みて、個別的にその一社一寺の故実を尊重し、その都度、各社寺が良識をもって適正に斎行・運用されるべきである。

ちなみに〝大相撲〟はその土俵上を女人禁制にしている。そして、その根拠を〝神事〟とする向きがある。ただし、古典から相撲における女人禁制を立証することは難しい。『古事記』には、科野(信濃)の洲羽海(諏訪湖畔の諏訪大社)で行われた建御雷神と建御名方神の〝力競〟の記述がある。また、『日本書紀』垂仁天皇七(紀元前二三)年七月の条には、出雲の勇士野見宿禰と天下の力士当麻蹶速との〝捔力〟の記述がある。これらが大相撲の起源の一つである。ただし、そこに女人禁制を窺わせる記述はない。

『日本書紀』雄略天皇十三(四六九)年九月の条に記された「喚集采女。使脱衣裙而著犢鼻露所相撲」(3)は相撲の初見とされている。〝采女を喚び集めて、衣裙を脱がせて犢鼻を著せ、相撲をとらしむ〟つまり、天皇は采女を集め、衣服を脱がせ褌を着けさせ、相撲を取らせている。ここに登場するのは二人の采女である。要するに、歴史上、〝相撲〟と銘打って〝相撲〟を〝相撲〟として最初に取り組んだのは女同士の女相撲ということになる。

古典に書かれてあるから事実だとか、書いてないから虚偽だといっているのではない。古典に書かれざる事実は枚挙に暇がない。したがって、相撲が興行であるにせよ、神事であるにせよ、長きにわたり尊ばれてきた信頼や信仰の事実に基づき、その歴史的事実を鑑みて、力士をはじめ〝大相撲〟という組織に関わる人々の意識が尊重されるのがよい。ただし、何者かを排除するのなら、それ相応の理由が必要になる。

古典の記述は絶対ではなく、完全無欠の金科玉条ではない。曲学阿世の徒にかかれば、古典の解釈は融通無碍、変幻自在に読み解かれることもある。ただし、古典の解釈は前世代から引き継がれてきた伝統や慣習と多様化した現代社会とをつなぐ端緒として、重要な役割がある。未来の有り様を予測するのは難しい。それゆえの稽古照今なのである。ここで、市井に親しまれている『古事記』ではなく、地味ながら、令和二（二〇二〇）年に一三〇〇歳を迎える最古の官撰国史『日本書紀』を手がかりとして、陰陽男女が繰り広げる性愛の有り様を探りつつ、いのちの継承について捉え直してみたい。

元正天皇の養老四（七二〇）年、舎人親王らの撰により成立した『日本書紀』は、神代から持統天皇の御世までを漢文体で記した全三〇巻、系図一巻（系図は失われている）で構成された日本最古の正史（官撰史書）である。この第一巻と第二巻には神々の伝承が記されており、これを〝神代巻〟と呼ぶ。

『日本書紀』神代巻には神々と天皇家とのつながりを強調した系譜的性格の強い本文と、一書(あるふみ)と呼ばれる数種から十数種の異伝が付記され、本文を中心とする十一段で再構成されている。このため、数多(あまた)の異伝を許容した『日本書紀』神代巻の記述は、常に共時的な今を語る細かな物語が集積され、それぞれに異なった筋書きが同時に進行するような不思議な複雑さを呈する。

神代巻の冒頭では、混沌に含まれる気が活動することにより、陰陽の交錯が起こりはじめる。そして、陽の神々がなり、次いで陰陽の道に基づく男女の神々の物語へと展開していく。男女の神々は迂闊な失敗を乗り越えながら、数多(あまた)の島々や自然の神々を生みなしていく。

『日本書紀』とは、その冒頭から陰陽の性愛を説いた男女が織りなす生成発展の書といえる。そこでは淡く切ない恋愛物語ばかりではなく、情念や憎悪にまみれた愛憎劇も語られる。人は往時と変わることなく男女の愛憎からいのちを継ぎ、自然と共生し、生きるための生業に勤しみ励み、互いに力を合わせあるいは格闘しながら糧を得てきた。そして、今もなお安寧な生活の永続を神々に祈り続けている。

第一章「陰陽論」では、『日本書紀』神代巻第一段から第四段の一部までに記された陰陽の理解と、性愛以前から性愛の意識が形成されていく過程を読み解いていく。この章は抽象的で難解な側面もあるが、『日本書紀』神代巻解釈の根幹となる章であり、拙著『日本書紀の祈り　多様性と寛容』においても紙幅を割いて説いている。第二章「陰陽と性愛」では、『日本書紀』神代巻第四段と第五段に記された性愛のはじまりとしての遘合(みとのまぐわい)・交合と国生み神話、神生み神話、さらに、性愛のおわりとしての絶妻之誓（絶妻・事戸）について読み解いていく。第三章「性愛と現代の問題Ⅰ」では、『日本書紀』神代巻第六段から第八段までを対象に、第四章「性愛と現代の問題Ⅱ」では、『日本書紀』神代巻第九段から第十一段までを対象に、第五章「性愛と現代の問題Ⅲ」では、『日本書紀』神代巻以降の天皇の時代を対象として、『日本書紀』に記された性愛といのちの継承を現代の問題に照らして、読み解いていく。

註

（1）バートランド・ラッセル著、安藤貞雄訳『ラッセル結婚論』一九九六年、岩波書店、一二頁。
（2）中島岳志『「リベラル保守」宣言』新潮社、二〇一三年。
（3）黒板勝美編輯『新訂増補　国史大系　日本書紀　前篇』吉川弘文館、一九六六年、三八二頁。

第一章　陰陽論

陰陽という気の活動

陰陽は『日本書紀』を読み解くうえで欠くことのできない思想である。『日本書紀』本文の冒頭は「古天地未剖。陰陽不分。渾沌如雞子。溟涬而含牙[1]」と起筆される。古の昔、天地も陰陽もいまだに分かれていなかったとき。渾沌（混沌）とした世界はまるで鶏の卵のようであった。そのくぐもった混沌のなかには牙（きざし）が含まれていた。

ここに記された〝牙〟とは混沌に含まれる未活動の一気であり、この無数の一気が万物へとつながっていく。気は空気のようなガス状の物質であり、たとえば、その極小の粒子が凝集や結合する状態によって万物は生成されると考えられた。〝陰陽（めを）〟とは気の活動の程度を示す相対的な現象である。気の動きが静の状態であれば陰、動の状態であれば陽である。したがって、陰陽にはそれぞれ固定された陰とか陽とかいう概念はなく、気の活動の交錯に応じて相対的に認識される。

気は実体である物実(ものざね)として混沌のなかに存在し、その気が現象として活動をはじめ、陽の神々をなし、陰陽の交錯を経て、万物につながっていく。実体を持つ牙を物実として強調する解釈は、些細な差異を抽出するような表現ではあるが、この物実が神代巻冒頭の世界起源神話として、後々大きな意味を持ってくる。

冒頭の世界起源神話の後に、さらに、「故曰。開闢之初。洲壌浮漂。譬猶游魚之浮水上也。于時天地之中生一物。状如葦牙。便化為神。号国常立尊。……次国狭槌尊。次豊斟渟尊。凡三神矣。乾道独化。所以成此純男。」[2]と、もう一つ別の世界起源神話が続く。この概要を以下に示すと、天地がはじめて開けたとき、洲壌(くにつち)がプカプカと浮き漂っている様は、泳ぐ魚が水の上に浮いているようである。ある時、天地のなかに一物が生まれる。その状は葦牙(あしかび)のようであり、それが神となる。その最初に化生した神を国常立尊(クニトコタチノミコト)という。これに次いで国狭槌尊(クニノサツチノミコト)と豊斟渟尊(トヨクムヌノミコト)が化生する。この三神は独化(ひとりなる)といわれ、乾道(あめのみち)の陽気のみを受けて、独りで化生した純男(をとこのかぎり)とされている。

ここに記された〝一物〟とは天地のなかに芽吹く葦牙(あしかび)のようだとされている。この葦牙は物実として混沌のなかに含まれていた牙（気）が具現化していく生成力の表現であり、核として本体となる一気が活動する様を指している。化生とは、母胎や卵からではなく、自ら忽然と生まれたり、なったりすることをいう。国常立尊(クニノトコタチノカミ)とは、この葦牙のような一物を物実として、最初に化生した神であり、その後に国狭槌尊、豊斟渟尊が続く。この三柱の神々は陽の気のみを受け、独りで化生した男神とされている。

葦の若芽のように力強く成長する葦牙は男性精力の象徴でもあった。『日本書紀』神代巻第一段の第二、第三、第六の一書と『古事記』では、葦牙のような一物に可美葦牙彦舅尊（ウマシアシカビヒコヂノミコト）という神名が冠されている。この可美葦牙彦舅尊は水辺の泥土や湿地帯に繁茂した生成力漲る葦の若芽の神格化であり、これこそが日本の神様の最初のイメージとなっている。

大野晋は「開闢之初」以下の世界起源神話を（一）混沌浮動。（二）土台出現。（三）泥。（四）具体的生命の発現の四つに分類した。[3] つまり、プカプカと浮動する混沌のなかに、土台あるいは大地が出現し、その泥のなかに、具体的生命を象徴する葦牙（あしかび）が発現したというのである。

『日本書紀』には、男女の神々が一対になる男女対偶神の登場以前に、「乾道独化」「純男」などと表現された独神が、陽気のみの生成力を漲らせて、自ら化生している。陽のみの〝純男〟があるなら〝純女〟がないのはなぜだと訝（いぶか）しく思う向きもあるだろう。ちなみに『聖書』創世記（第二章の二一と二二）によれば、神はアダムの肋骨からイヴをつくったとされている。つまり、女は男の一部とされている。なんとも微妙な話であるが、男は女を自らの一部として愛おしみ、女は男を自らの起源として敬うというのが、旧約聖書のいう男女関係の前提になってしまう。ただし、陰陽に依拠した『日本書紀』の神話では、これとは趣が違う。

女と男を表す陰と陽は気の活動の程度を示す現象とされている。このため、陰と陽は交錯を繰り返し変化し続けている。つまり、陰陽という概念は男女という性を超えているのである。確かに、陽は男、陰は女を意味するが、神道では陽が極まった太陽は女神の大日孁尊（オオヒルメノムチ）とされている。この女神の別名はいわずと知れた天照大神（アマテラスオホミカミ）である。

現実に性を超えるという事例は、自然界のなかにいくらでもある。体細胞を分裂させて個体を増殖させる無性生殖もそうである。分かれる二つの個体の大きさが同等であれば分裂、そうでなければ出芽という。このような場合、ともにDNAは親と同一であり、そこに遺伝的多様性は認められない。単細胞生物に比べ、多細胞生物の有性生殖は多様である。カタツムリは雌雄同体として知られるが、一つの個体でオスとメスの生殖器を持ち備え、二つの個体が接合し、互いの精子を互いの卵子に届けて受精させる。ただし、単為生殖も可能だという。単為生殖とは有性生殖する生物で受精を経ず、メスが単独で子孫を残すことをいう。たとえば、ハチのメスは受精卵から生まれ、オスは単為生殖による未受精卵から生まれる。また、クマノミなどの魚類のように状況に応じて性転換する種もある。

人間の雌雄を決定する性染色体も進化（退化）し続けている。あるいは生物としての種が役割を終え、種の寿命を迎えることもあるだろう。したがって、人間の生殖機能が徐々に不全に陥るという未来は決して杞憂ではない。いずれ人間の生殖はiPS細胞（人工多能性幹細胞）などを応用した再生医療の進展に依存する日が来るのかもしれない。ただし、陽だけで生成をなし得ようと、陰だけで生成をなし得ようと、意志的な生成の力が湧き起こってこなければ、生殖は容易になし得ない。

『古事記』『日本書紀』の神話では、葦牙に象徴される生成力は産霊（むすひ）として表現される。この産霊のムスは苔生すなど、植物が自然に生ずることをいい、霊（ひ）は霊力を意味する。したがって、産霊とは生成力漲る様を表現した生成の霊力ということになる。

『日本書紀』本文で最初に化生する神は国常立尊である。ただし、第一段第四の一書で、最初に化生する神は天御中主尊(アメノミナカヌシノミコト)であり、これに続き、高皇産霊尊(タカミムスヒノミコト)と、神皇産霊尊(カムミムスヒノミコト)という産霊(ムスヒ)の神々が化生する。『古事記』では産霊を産巣日と書くが、産霊の力を重視するのは『古事記』も『日本書紀』と同様である。『古事記』でも天御中主神に続き、高皇産巣日神、神皇産巣日神が登場し、これらの神々を〝造化三神〟として尊重している。この造化三神は「独神成坐而隠身也」(4)〝独り神となりまして身を隠したまひき〟と記され、化生して間もなく身を隠したとされている。いうまでもなく、天御中主神は本当に身を隠し、以後神話に一切登場しない。これに反して、高皇産巣日神は高天原神話で、神皇産巣日神は出雲神話で、たびたび登場しては指導的役割を果たしている。『古事記』では、以上の造化三神に国之常立神(クニノトコタチノカミ)と豊雲野神(トヨクモヌノカミ)を加えた五柱の神を別天神(コトアマツカミ)としている。

このように、古典の冒頭においては、三あるいは五という数が尊重される一方で、陰陽不分の混沌から陰陽が分化して、事物のすべてを陰陽に還元して解釈する陰陽二元論の存在感も強かである。当然、混沌のなかに含まれる無数の牙を始源として、その無数の一気をもって多元と見ることもできるだろう。また無数の牙(きざし)の一つに始原の一気を見出し、その一元的根源へ万物を収斂することもできる。その途中の段階に陰陽が現象するということにもなる。多→一→二といえるのか、一→二→多であるのか、あるいは複数の現象を時間の流れや歴史の変化に即して通時的因果説のみで捉えるのか、継時的にではなく、静止した一定時の共時的位相空間として捉えるのか事象の認識は融通無碍に膨らんでいく。

ただし、『日本書紀』冒頭では、無数の一気を含む混沌から陰陽が分化した状態を記しており、それ以前の解釈は示さない。したがって、混沌（多）のなかに無数の一気（一）が含まれていて、この一気がそれぞれ活動をはじめ陰陽（二）に分化して、万物（多）に及んでいくと解釈できる。

『日本書紀』には混沌以前が記されていないため、ここを一元とみるべきか多元とみるべきか、我々は断定できない。ただし、通時的な多→一→二→多という流れで捉えるのではなく、多から無数の一がそれぞれ同時に多→一→二→多と多元的に現象する多元世界の存在をも推論することはできる。混沌に含まれた一気の活動により天地が分化し万物に至るが、天地ができれば混沌がなくなる訳ではなく、混沌は混沌として常に存在し、そこから一気が陰陽として現象し続ける。中世以降の神道思想はこうした考え方に基づき、混沌と国常立尊を同一視する傾向にある[5]。

陽・陰。天・地。乾・坤。動・静。男・女。日・月。善・悪。正・邪。清・濁。剛・柔。大・小。明・暗。強・弱。生・死など万物やその現象を二元的に分化して捉えることは容易である。ただし、二元論を突き詰めていけば、その中間や二元の枠に収まりきれない第三の存在に思い至る。陰陽思想では奇数は陽、偶数は陰とされ、一は始源、二は対立とされている。これに加え、調和の数は三である。こうした存在を拾い上げる第三の枠に注目することにより、分断や別れという対立関係を回避させ、関係性に調和が保たれる。過去・現在・未来。大・中・小。上・中・下。序・破・急。創造・維持・破壊。心・技・体。知・情・意。高天原・葦原中国・根の国（黄泉）。など枚挙に暇がない。

立体の三次元世界に生きる我々にとって、点、線、面の世界から次元を上げて三に至る。三という数字は調和以上の安らぎを与えてくれる数なのかもしれない。ここに、時間という概念を加え、その三次元の一瞬が過去に未来に幾重にも重なった四次元の時空間を想像することも古典解釈の重要な手引きになるが、日本人にとっては〝三つ〟が、単なる三ではなく、いっぱいになるという意味の〝満つ〟〝充つ〟に通じることで調和のとれた安定をもたらす縁起のいい数として好まれた。

註

（1）黒板勝美編輯『新訂増補　国史大系　日本書紀　前篇』吉川弘文館、一九六六年、一頁。
（2）同右、『新訂増補　国史大系　日本書紀　前篇』一頁。
（3）大野晋「記紀の創世神話の構成」『文学33―8』一九六五年・坂本太郎、家永三郎、井上光貞、大野晋校注『日本古典文学大系67日本書紀　上』岩波書店、一九六七年、参照。
（4）黒板勝美編輯『新訂増補　国史大系　古事記　先代旧事本紀　神道五部書』吉川弘文館、一九六六年、五頁。
（5）徳橋達典『吉川神道思想の研究　吉川惟足の神代巻解釈をめぐって』ぺりかん社、二〇一三年。

男女対偶神と性差の意識

『日本書紀』冒頭に記された国常立尊、国狭槌尊、豊斟渟尊の三柱の神々は、陽の神であり、独りで自ら化生した男神とされている。この三神に続いて化生するのが、男女それぞれが対になっている四組の男女対偶神である。『古事記』では、男女対偶神を五組十柱の「双十神（たぐへるとはしらのかみ）」と呼ぶ。五組十柱か、四組八柱かの違いはあるが、『古事記』『日本書紀』ともに、男女対偶神の化生する過程において、陰陽男女が互いの性差を意識し、それを認め合い、それぞれのよさを持ち別けながら、性愛の物語のお膳立てを整えていく。

『日本書紀』神代巻第二段本文では泥土煮尊（ウヒヂニノミコト）と沙土煮尊（スヒチニノミコト）。次に大戸之道尊（オホトノヂノミコト）と大苫辺尊（オホトマベノミコト）。次に面足尊（オモダルノミコト）と惶根尊（カシコネノミコト）。次に伊弉諾尊（イザナギノミコト）と伊弉冉尊（イザナミノミコト）がそれぞれ男女対偶で化生する。大野晋は泥土煮尊と沙土煮尊を泥、大戸之道尊と大苫辺尊を男女の性、面足尊と惶根尊を男女の会話、伊弉諾尊と伊弉冉尊を男女の誘いの表象として理解する。(1)

泥土煮尊・沙土煮尊の土のヒジはニと同様に泥を意味する。泥土は潮と泥が分化せず浮脂のように漂っている状態である。(2) この神名は物事が活発化する以前の泥土のような未形成の状態を表現している。

大戸之道尊と大苫辺尊の大のオホは荘厳、偉大、根本を意味する。道のヂは男性を、辺のベは女性を意味する。戸のトは狭い水流や通過点あるいは入口を意味する。たとえば、瀬戸（せと）、門（かど）、喉（のど・のみと）、港（みなと）などである。これらを身体に引き寄せてみると陰（ほと）も女陰の入口であることが分かる。(3) つまり、トとは男女を象徴する生殖器官を指している。

男女の交合のことを〝ミトアタワシ〟という。ミは尊敬の接頭語であるため、ミトアタハシとは男女が互いの象徴的なトを当て合わせることになる。(4) みとのまぐわいも交接や交合を意味する。マグワイとは目合（まぐわ）いであり、目配せや見詰め合う行為をいう。ここから展開して、みとのまぐわいがトを絡め合う交合を意味するようになった。嫁ぐもトを接ぐ（継ぐ）ことであり、男女の交合を意味している。したがって、大戸之道尊と大苫辺尊という神名は偉大な男女の性器の象徴と考えられる。

ちなみに、『日本書紀』神代巻第三段第一の一書では、大戸之道尊と大苫辺尊ではなく、角樴尊（ツヌグヒノミコト）と活樴尊（イクグヒノミコト）を四組八柱の男女対偶神に加えている。この神名はドロドロの湿地帯を開発するために打ち込まれた樴（しょく）（杙）のようにも思えるが、生き生きとそそり立つ葦牙と同様に、これらの神々も生成力漲る男根の象徴とみることができる。

面足尊のオモダルは美しい顔に魅了される称美の心や充足の感を意味する。惶根のカシコは畏敬の念を意味する。つまり、面足尊と惶根尊の神名は、性差のある伊弉諾尊と伊弉冉尊が互いを誘い合うときに交わされた〝なんと面立ちの整った美しい女よ〟〝なんと畏れ多い男よ〟という言葉の象徴であり、男女の互いの性差〝らしさ〟を認め、称え合う対話の象徴と考えられる。

男は女の容姿に魅かれ、女は男の偉力に惹かれる。歌風においても、ますらお振りは強くて立派な男振り、たおやめ振りは淑やかで優美な女振りである。男は度胸、女は愛嬌ともいわれる。女はなぜ男以上に外身を飾り立て、男はなぜ女以上に経済的成功にこだわるのかも、性的特質やその傾向の差し響きなのであろう。

バートランド・ラッセルは「現代世界にあっては、恋愛には、いまひとつ、宗教よりもいっそう危険な敵がある。それは、仕事をして経済的に成功する、という信条である。男は恋愛のために出世がさまたげられるようなことを許すべきではないし、もしも、許すようなら、その男は馬鹿だ、と一般に考えられている。特にアメリカでは、そうだ」と述べている。ラッセルのいう現代とは二十世紀中頃のアメリカをさすが、こうした傾向は男女機会均等法制定から三十年以上経過した二十一世紀の日本においてもいまだ通用している。[5]

家父長制社会下において、男性が女性に貞操を求めた一因には、子孫の正統性をめぐる男性側の疑念があった。繰り返しになるが、ＤＮＡ検査のない時代、子どもの本当の父親はその母親にしか分からなかったためである。家父長制下においては、家族の正統性を守るため、男も女も様々な足枷をはめられていた。

我々は日常的に〝ふつう〟〝じょうしき〟〝らしさ〟という言葉を多用している。しかし、これは主観的な価値基準であって、そこに客観的かつ普遍的な基準をともなう枠組みなど存在しない。それにも拘らず、人は〝ふつう〟や〝じょうしき〟を標榜し、多様な個性を曖昧な枠組みの中に押し込めようとする。憂慮すべきは、こうした多様性を無視し、一方向的になされる強者あるいは大勢の立場からの独善的価値の押しつけである。

現代は性差に囚われず、生き方を自己決定するジェンダーフリーの時代を迎えている。それは自らの価値を善と信じて、それを多くの人に強要することではない。そこには他者への配慮に基づく善意があったとしても、多様性の下には個々の人々の尊厳があることに心を寄せ、個々の人々の日常の有り様がそのままに尊重されるべく、多様な文化の共生を意識した寛容な姿勢が問われている。

男が男であるだけで男の気持ちを代表できるわけでもなく、女が女であるだけで女の気持ちを代表できるわけでもない。男より男の気持ちが分かる女もいれば、女より女の気持ちが分かる男もいる。当然、誰の気持ちも分からぬ人もいる。要は個々人の指向をめぐる感受性と共感である。

たとえば、異性愛者（heterosexual）という枠組みのなかに収まりきれずにいる性的少数者（sexual minority）が性愛の有り様のなかで、心と体の間にある違和感を抱えながら、それを自覚し、そこに諦住し、あるいは日々苦悩し続ける人々がいる。こうした日常を多くの人々が自身の問題として想像し得るかどうかという現実が問われている。これは無理に理解を示すことや、上辺を繕って寄り添うのではなく、ただ、自分だったらと自身の問題として想像してみるだけでも、世界が違って見えてくるはずである。

近年、こうした性的少数者はＬＧＢＴと称されている。ＬＧＢＴとは女性同性愛者（Lesbian）、男性同性愛者（Gay）、両性愛者（Bisexual）、性別越境者（Transgender）の頭文字をとって総称されている。また、後天的指向とされるＬＧＢと先天的に性の不一致に悩むＴとを分離して捉える向きもある。

さらに、用語の解釈が定まってはいないものの、奇妙とか不思議な様を意味するクィア（Queer）が性的少数者を意味する用語として、その頭文字のＱを加えて、ＬＧＢＴＱと称されることもある。これ以外にも、性的指向未確定者（Questioning）、半陰陽者・両性具有者（Intersexual）、無性愛者（Asexual）、全性愛者（Pansexual）、多性愛者（Polysexual）という様々な性的少数者の概念が提示され、これらの用語の頭文字Ｑ、Ｉ、Ａ、Ｐなどを組み合わせ、ＬＧＢＴに加えて表現されることもある。

多数者とされる異性愛者（heterosexual）に対しても、性的少数者同様に細かく分類を施せば、多様な性の有り様がより複雑に提示されるのだろう。そうであるならば、性的指向の多数者と少数者の境界線も曖昧になってくる。これにより、性的指向あるいは性自認をＳＯＧＩ（Sexual Orientation and Gender Identity）と呼び、自分が好きになる性別や、自分自身をどのような性と自認しているのか、すべての人を対象として性的指向を問う方法も提示されている。

確かに、ＬＧＢＴが意味する指向をＬＧＢＴという一言で一括りにできるものではなく、様々な価値観を持つ人々の総称と捉えるべきなのだろう。したがって、ＬＧＢＴの問題をＳＯＧＩとして表現し、すべての人を対象として改めて性的指向の問題を認知していくことも必要と考えられる。

自らの性的指向については、デモ活動や人権教育により、権利獲得を目指す人々もいれば、頑なに静謐を守る人々もいる。個々に抱える思いは個々の個人で異なっている。他人の好悪や嗜好や志向や指向を共有することは決して容易なことではない。このため、無理に皆一緒に足並みをそろえる必要はない。多様性の一端として、個々の人々の持つ心の拠（よりどころ）に対して、個々の人々が寛容に認め合う姿勢が問われている。

これとは別に、結婚や養子縁組あるいは相続をめぐる制度上の問題には、個々の人々の人権が侵されることのないように、その都度議論を重ね可及的速やかに問題を是正していく必要がある。

ただし、パターナリズムのみならず、個々の主観のみで捉えた似非リベラルの多様性をもって、〝こうあるべきだ〟〝こうすべき〟と他者への押しつけがはじまると、その途端にその似非リベラルはパターナリズムに変容する。こうした事例は非常によくあるパターンであり、なんとも難儀なパラドックスとなっている。

人の世にあるものは男と女こうした事実が一つの基準にもなり得る。諸々組み合わさった人々の仲を理屈でまとめ上げるのも難しい。そもそも、〝らしさ〟の権化ともいえる大和撫子の〝たおやめ振り〟も、日本男児の〝ますらお振り〟も、〝グラマラス〟な女も、〝マッチョ〟な男も、否定されるべきではなく、多様な価値のなかで尊重させるべき個性の一つなのである。多様な性愛をめぐる寛容な姿勢と、それを可能にする普遍的な基準とは何かを問い直す作業にも意味はある。ここでは〝生〟特に〝生む〟という祝意の言葉が重要な基準として意味を持ってくる。

『日本書紀』神代巻第二段は男女の性差が強く意識されるようになり、四組の男女対偶神が化生し、有性生殖が始まるまでの過程を示した神話である。人間を含む大部分の哺乳類の性別は雌のXXと雄のXYという性染色体によって決められ、その雌雄の交接によって種族保存をなしている。面足尊・惶根尊という神名はこうした性差の賛辞あるいはパートナーに対する敬意の象徴として素朴に解釈することにしたい。

面足尊・惶根尊に次いで化生する神々は伊弉諾尊と伊弉冉尊である。二神の名前に共通する伊弉のイザは誘う（いざなう）ことである。誘うとは、気持ちをある行為に向かうように働きかけていくこと。つまり、男女が互いに魅かれ合い、誘い合って愛を育み、結婚し遘合（みとのまぐわい）して家庭を営んでいく。これが〝生〟つまり、いのちの継承につながっていく。

伊弉諾尊と伊弉冉尊のナギとナミは海面の凪と波を意味する。男神の伊弉諾尊と女神の伊弉冉尊を凪と波に充てるという神名は、陰陽の視点から見ても興味深い。ただし、動的な男や陽が波で、静的な女や陰が凪であるならば、男と女に充てるべき波と凪のイメージが逆ではないかと思ってしまう。こうした発想も思い込みの証であり、動的な女に対して静的な男というのがあってもよいし、こうした個々の特質が多様に可変していくのが本質なのかもしれない。一言で〝生〟といっても、その枠に収まりきれないものも、その枠のなかで定まらぬものもある。

陰と陽とははっきりと二分できる関係ではなく、気の活動の程度を示す相対的な現象である。このため、陰のなかにも陽があり、陽のなかにも陰が具わっている。決して固定的な価値に囚われることなく、多様な解釈を許容していることが陰陽あるいは『日本書紀』の本質を示している。

註

（1）大野晋「記紀の創世神話の構成」『文学33—8』一九六五年。坂本太郎、家永三郎、井上光貞、大野晋校注『日本古典文学大系67日本書紀　上』岩波書店、一九六七年、参照。
（2）宮地直一、佐伯有義監修『神道大辞典』初版、平凡社、一九三七年、縮刷版、臨川書店、一九八六年、参照。
（3）坂本太郎、家永三郎、井上光貞、大野晋校注『日本古典文学大系67日本書紀　上』岩波書店、一九六七年、参照。
（4）同右、『日本古典文学大系67日本書紀　上』参照。
（5）バートランド・ラッセル著、安藤貞雄訳『ラッセル結婚論』一九九六年、岩波書店、一二〇、一二一頁。

乾坤（陽陰）の道と万物一体の仁

『日本書紀』神代巻第三段の本文「凡八神矣。乾坤之道相参而化。所以成此男女。自国常立尊。迄伊弉諾尊。伊弉冉尊。是謂神世七代者矣」[1]は四十文字の漢字のみで完結する。つまり、第三段は第二段で化生した八柱の神々（泥土煮尊と沙土煮尊、大戸之道尊と大苫辺尊、面足尊と惶根尊、伊弉諾尊と伊弉冉尊）が乾坤（陽陰）の道による男女対偶の神々であること。そして、乾道の陽気のみにより純粋な男神として化生した国常立尊以下三神から、伊弉諾尊（イザナギノミコト）・伊弉冉尊（イザナミノミコト）までの男女対偶四組八神の神々とを合わせて神世七代と称することだけが記されている。

〝乾坤一擲（けんこんいってき）〟という熟語がある。これは半（奇数）が出るか丁（偶数）が出るか賽を振ること。運命を賭して一世一代の大勝負に出ることをいう。また〝当たるも八卦、当たらぬも八卦〟という諺がある。つまり、占いは当たることもあれば、外れることもあるため、悪い結果が出ても気にするなという意味である。八卦とは易の占いで、陰陽を示す算木で得られる八種類の組み合わせをいう。乾は八卦の一つで陽を表し、天を意味する。坤は陰の卦を表し、地を意味する。つまり、乾坤とは陽と陰であり、天と地である。したがって、乾坤（あめつち）の道とは陽と陰を表す陰陽の道をいう。

『日本書紀』神代巻第一段冒頭から「陰陽不分」として記された陰陽とは、気の活動の程度を示す現象である。したがって、この現象自体に陰だとか陽だとかいう固定された状態はなく、その活動が静であれば陰、動であれば陽という具合に相対的に認識される。

それでは、陰陽の道とは何を意味するのか。中国の古典『易経』繫辞上伝には「一陰一陽之謂道」[2]と記されている。これは〝一陰一陽コレヲ道ト謂ウ〟と読む。これによれば、「道」と「一陰一陽」は同じものと考えられる。島田虔次はこの道について、「陰陽という現象の背後にあって陰陽の根拠となるところのもの、それがすなわち道」[3]と説いた。陰陽の背後にあり、その根拠になるものが道である。つまり、気がその時々により、陰として穏やかに、あるいは陽として激しく活動し、交錯する現象の原理や道筋を道という。

『易経』繫辞上伝には「易有太極。是生両儀。両儀生四象、四象生八卦。八卦定吉凶、吉凶生大業」[4]との言葉が記されている。これは〝易ニ太極アリ、コレ両儀ヲ生ズ。両儀ハ四象ヲ生ジ、四象ハ八卦ヲ生ズ。八卦ハ吉凶ヲ定メ、吉凶ハ大業ヲ生ズ〟と読む。一から二、二から四、四から八と増えていく様は、細胞が分裂し、人間の胎芽が成長していく様も同じである。人間は受精した瞬間から細胞分裂がはじまり、そうした胎芽は八週目から胎児と呼ばれるようになる。一、二、四、八という数列やその根源が一元か多元か、あるいは有か無かということにこだわるのではなく、要は徐々に広がっていく、つながっていくという概念である。

太極の気は両儀、四象、八卦へと広がり、万物に至る。したがって、万物は太極の気を共有し、気によってつながっていると考えられる。自分自身を起点として、ただ漠然と親の親、その親の親というのちの起源を遡及してみる試みは誰しも心当たりがあるだろう。

自分自身と万物とのつながりについて考えてみると、『易経』繋辞下伝に記された「天地絪縕、万物化醇[5]」〝天地絪縕シテ、万物化醇ス〟について、島田虔次は「天地陰陽の気は一瞬の断絶もなく、絪縕として集散し、万物は化醇、すなわち生生してやむことがない[6]」と述べている。

さらに、『易経』繋辞上伝には「生生之謂易[7]」。同繋辞下伝には「天地之大徳曰生[8]」と記されている。これらは〝生生コレヲ易ト謂ウ〟〝天地ノ大徳ヲ生ト曰ウ〟と読む。生生の「生」は生きること（生命）と、生むこと（生産）との二つの意味を持つ。「生」「生生」はいのちの継承として後代に受け継がれ、止まることなく連なっていく。気は空気のようなガス状の物質である。その気による陰陽の交錯によって万物は生成される。万物は太極の気を共有し、後代へとつながっているのである。

程明道は特に〝万物一体の仁〟を強調するが、この仁とは天地生生の徳を示す儒教の中心概念である。これについて島田は「同じ天地の生意が自己と万物とを貫通していること、すなわち万物一体の謂いである[9]」という。

紀元前四世紀から三世紀に生きた荘子は「天地與我並生、而万物與我為一[10]」と斉物論を語り、四世紀から五世紀に生きた僧肇法師も禅の言葉「天地與我同根、万物與我一体」を残している。荘子の言葉〝天地ト我ト並ビ生キ、万物ト我ト一タリ〟も、僧肇法師の言葉〝天地ト我ト同根、万物ト我ト一体〟も語ることは同じ、自身と万物が一体であるというつながりを強調している。

註

(1) 黒板勝美編輯『新訂増補　国史大系　日本書紀　前篇』吉川弘文館、一九六六年、四頁。
(2) 高田真治、後藤基巳訳『易経　下』岩波書店、一九六九年、二二〇頁。
(3) 島田虔次『朱子学と陽明学』岩波書店、一九六七年、五九頁。
(4) 前掲の『易経　下』二四一頁。
(5) 同右、『易経　下』二六四頁。
(6) 前掲の『朱子学と陽明学』四一頁。
(7) 前掲の『易経　下』二二〇頁。
(8) 同右、『易経　下』二五一頁。
(9) 前掲の『朱子学と陽明学』四五頁。
(10) 荘子著、金谷治訳注『荘子　第一冊　内篇』岩波書店、一九七一年、六七頁。

陽神と陰神による国生みの障害

『日本書紀』神代巻第四段本文と第一、第五、第十の一書では、伊弉諾尊を陽神、伊弉冉尊を陰神と記している。こうした表記は『日本書紀』における陰陽の差し響きの裏づけになる。陰陽とは一切を超越するような固定的原理ではなく、動的な陽と静的な陰という気の活動の程度を示す可変的な現象をいう。第四段では陽神の伊弉諾尊（イザナギノミコト）と陰神の伊弉冉尊（イザナミノミコト）が磤馭慮島（おのごろじま）に降って夫婦になり、遘合（みとのまぐわい）により大八洲国（日本の島々）を生みなしていく。これは国生み神話といわれている。

第四段本文によれば、伊弉諾尊と伊弉冉尊は天浮橋で相談し、「底の一番下にどうして国がないのか、いやあるはずだ」といって、天之瓊矛（あまのぬほこ）を差し下して底の一番下を探ってみる。するとそこに滄溟（あをうなはら）が現われる。さらに、その矛の先から滴り落ちた潮が凝り固まって島になる。これが磤馭慮島である。二神は磤馭慮島に降り、夫婦となり、洲国（クニツチ）を生もうと試みる。

陽神（伊弉諾尊）は磤馭慮島を国中の柱に見立て、左より旋（めぐ）り、陰神（伊弉冉尊）は右より旋（めぐ）り、出会ったところで、互いに言葉を掛け合い夫婦になる。ただし、ここに至るまでに、二神の間には二つの問題があった。国中の柱をめぐる左右の方向（左上右下）と、掛け合う言葉の順番（夫唱婦随）である。

柱を回る方向は伊弉諾尊が左回り、伊弉冉尊が右回りと記されている。本文では、当初よりこの回転方向が記されているため、問題にされていない。しかし、第一の一書では、これとは逆に回転したため、国生みの結果が不首尾とされる。二神は天神の太占（ふとまに）の結果を受けた後、本文と同様の方向で回り直している。これを国生み神話における〝左上右下〟の問題として捉えてみたい。

〝天帝は北辰に座して南面す〟という唐代の故事によれば、不動の北極星を背にした皇帝が南側を向いて座るとき、太陽の昇る東は皇帝の左側になる。このため紫禁城の太和殿も京都御所の紫宸殿も北辰を背に南面して建てられ、玉座から見た左（東）側を上位としている。したがって、日本における左上右下は、律令制を学んだ唐代からの影響がいまだに継続していることになる。ただし、当の中国では、左と右の上下関係は時代によって異なるという。佐藤茂美と池添博彦は超翼の『陵余叢考』

に依拠し、「夏、殷、周の三代では朝官は左を上位とし、軍事では右を上位とした。戦国時代にはこれが逆となり、秦および前・後漢時代には右が上位である。六朝期より唐、宋および明、清までは左が上位であり、元のみは右が上位である」[1]と指摘する。

このように、左上右下の真偽は誠におぼつかない。そもそも左右の概念は向かい合った他者と自分とでは真逆になる。台風の回転方向も、上から見るのと下から見るのとでは渦の向きも逆さまになる。したがって、左右という概念は東西南北や天地など、具体的に基準となる前提条件が整わなければ曖昧なものになる。

現在、一つの基準となっているのは、時計針の回転方向によって、時計回りを右回り、反時計回りを左回りとする。人間は心臓を防御するため、左回りに安らぎを感じるとする向きもある。このため、陸上のトラック競技、スピードスケート、自転車、野球など、数多のスポーツが左回りを採用している。ちなみに、競馬に右回りのコースがあるのは周回コースの向きや直線の距離や傾斜、芝の固さや深さなど多様な競馬場を設け、レースの予想を困難にしているためだという。当然、馬に騎乗するのは人間なので、多様なコースのなかには左回りの競馬場もある。

一方、DNAの螺旋構造が主に右巻きであるなど、生命に関わる自然界の回転は右回りであることが多い。ネジやキャップは右回転で閉じられて、左回転で開かれる。つまり、陰神の右回りは生から死に至る生命の閉鎖を象徴し、陽神の左回りは、死に抗う生命の開放を象徴する。こうした解釈は、第五段に記された泉津平坂（よもつひらさか）での絶妻之誓（ことど）の神話において、二神それぞれの立場が鮮明に描かれている。

つまり、陰神の伊弉冉尊は人の死を謳(うた)い、陽神の伊弉諾尊はその死を上回る生を謳う。これについては後述するが、人間の死の起源神話とされている。

『芸文類聚』白虎通の「白虎通日天左旋、地右周、猶君臣陰陽相対向也」を見ると、『日本書紀』本文の「陽神左旋。陰神右旋」[2]も漢籍からの援用あるいは差し響きであることが分かる。

天元五（九八二）年に、丹波康頼(たんばのやすより)が撰述した現存する日本最古の医書『医心方　巻廿八』には隋・唐代（七世紀）の性愛書『洞玄子』が筆録されている。ここには「夫天左転而右廻、春夏謝而秋冬襲、男唱而女和、上為而下従、此物事之常理也、故必須男左転而女右廻」との記述がある。この「男唱而女和」もまた、「陽神左旋、陰神右旋」に加え、『日本書紀』本文の「陽神先唱」[3]（夫唱婦随）に結びついている。

国生み神話においては〝左上右下〟に引き続き〝夫唱婦随〟が問題とされる。夫唱婦随とは夫（男）の提唱に婦（女）が追従するという意味であり、夫婦円満を表す言葉とされていた。ただし、これは家父長制の時代の美徳であって、現代の価値基準とは乖離している。

『日本書紀』神代巻第四段本文では、伊弉諾尊と伊弉冉尊はそれぞれ左右に分かれて柱を回り、出会ったところで、陰神が「憙哉。遇可美少年焉」[4]と唱える。これは〝あなうれしゑや、うましをとこにあひぬること〟と読み、「ああ嬉しい。何て素晴らしい男に会うことができた」という意味である。しかし、陽神は「吾是男子。理当先唱。如何婦人反先言乎。事既不詳。宜以改旋」[5]〝吾はこれ男子(ますらお)なり。理(ことわり)、まさに先ず唱ふべし。いかにぞ婦人(たおやめ)の反(かへ)りて言先だつや。事すでに不詳(さがな)し。よろしく改め旋(めぐ)

るべし〞と、これを悦ばず、「私は男だ。理としては男が先に唱えるべきだ。どうして、女が先に言葉を唱えたのだ。これは不祥なことだ。改めて回り直そう」と不快感を露にする。そこで今度は陽神が先に「憙哉。遇可美少女焉」(6)と唱え、次いで陰神がこれに従う。ちなみに、二つの言葉の違いは少年(をとこ)を少女(をとめ)に入れ替えただけである。

この夫唱婦随は男尊女卑と直結するかどうかは実に微妙である。神道では、最も尊貴な神として、女神の天照大神を崇めている。皇祖神とされる天照大神は神宮(伊勢神宮)内宮の御祭神とされている。加えて、外宮御祭神の豊受大神も女神である。神社本庁ではこの神宮を本宗と仰いでいる。つまり、神社の大元締めの神宮ではともに女神を御祭神と仰いでいる。このため、神道が男尊女卑の宗教とはいい得ない。したがって、夫唱婦随とは男尊女卑というよりも、互いの性差を尊重し、その役割を持ち分けて、支え合う姿と穏当に理解したい。

役割分担を無視して、〝夫唱婦唱〞や〝夫随婦随〞になると、互いの役割が被ってしまい、それぞれの長所を潰し合う。〝夫唱婦随〞や〝婦唱夫随〞に落ち着けば、阿吽の呼吸で絶妙な間合をもって理解し合える。こうした呼吸は夫婦のみではなく、組織の人間関係でもいい得ることであろう。社会は多様な役割を持ち得ている方がより豊かに柔らかく形づくることができる。長所や短所が被ったパートナーでは、互いの特色を相殺してしまう。

『日本書紀』神代巻第四段で互いの性差の違いを讃え合う伊弉諾尊と伊弉冉尊の言葉は、『日本書紀』で最初に交わされた直接的な神の言葉とされており、第二段で触れた通り面足尊(オモダルノミコト)と惶根尊(カシコネノミコト)の神名の象徴でもある。『古今和歌集』仮名序で、紀貫之はこの二神の言葉を歌として捉え、「この歌、天地の開けはじまりける時より、いで来にけり。天の浮橋のしたにて、女神男神となりたまへることを言へる歌なり(7)」と述べている。

ちなみに、三十一文字とされる和歌（短歌）の起源は、『日本書紀』神代巻第八段に記された素戔嗚尊の神詠歌〝八雲たつ　出雲八重垣　妻ごめに　八重垣作る　その八重垣ゑ（を）〟とされている。したがって、貫之はこの伊弉諾尊と伊弉冉尊の間で交わされた言葉を和歌というより、歌そのものの起源として尊重する。

『日本書紀』本文によれば、この言葉は〝あなうれしゑや、うましをとめにあひぬること〟〝あなうれしゑや、うましをとこにあひぬること〟とされ、一書では〝あなにゑや、えをとめを〟〝あなにゑや、えをとこを〟で共通している。これと同じ五音と五音の十音のリズムで類似しているのは『古事記』の〝あなにやし、えをとこを〟と、〝あなにやし、えをとめを〟であり、こちらは言葉の音を重んじ、「阿那邇夜志愛袁登古袁(8)」「阿那邇夜志愛袁登売袁(9)」と、記されている。伊弉諾尊と伊弉冉尊はここで言葉を交わし、遘合に至る。

註

(1) 佐藤茂美・池添博彦「上代における身体性の考察——左と右について——」『帯広大谷短期大学紀要　第42号』帯広大谷短期大学、二〇〇五年、二三頁。

（2）黒板勝美編輯『新訂増補　国史大系　日本書紀　前篇』吉川弘文館、一九六六年、五頁。
（3）同右、『新訂増補　国史大系　日本書紀　前篇』五頁。
（4）同右、『新訂増補　国史大系　日本書紀　前篇』五頁。
（5）同右、『新訂増補　国史大系　日本書紀　前篇』五頁。
（6）同右、『新訂増補　国史大系　日本書紀　前篇』五頁。
（7）佐伯梅友校注『古今和歌集』岩波書店、一九八一年、一〇頁。
（8）黒板勝美編輯『新訂増補　国史大系　古事記　先代旧事本紀　神道五部書』吉川弘文館、一九六六年、六頁。
（9）同右『新訂増補　国史大系　古事記　先代旧事本紀　神道五部書』七頁。

第二章　陰陽と性愛

遘合（みとのまぐわい）

遘合（みとのまぐわい）とは交合とも書き、男女の交わる性交を意味する。前述のように、〝み〟とは敬意を示す接頭語の御。〝と〟とは性器。〝まぐわい〟とは視線を絡め合う目合（まぐわ）いから転じ、体を絡め結び合う交接を意味するようになった。二神は遘合（みとのまぐわい）に至るまで、どのような会話を交わしたのだろうか。

陽神は陰神に「汝身有何成耶」(2)〝汝（いまし）が身に何（なに）の成（な）れるところか有る〟と男女の身体の違いについて奇をてらうことなく飄々と問う。陰神は「吾身有一雌元之処」(1)〝吾が身に一（ひとつ）の雌（め）の元（はじめ）といふ処（ところ）有り〟と自らの身体的性について羞じらうことなく淡々と答える。これに対し陽神は「吾身亦有雄元之処。思欲以吾身元処合汝身之元処」(3)と提案する。陽神の伊弉諾尊は〝吾が身に亦（また）雄（を）の元（はじめ）といふ処有り。吾が身の元（はじめ）の処を以て、汝（いまし）が身の元の処に合（あは）せむと思欲ふ〟と交接の術を説き、陰神の伊弉冉尊を遘合へと誘（いざな）っていく。陽神の言葉には相手の同意を重んじる姿勢が含まれている。相手の同意を無視して、一方的に力を行使するような性暴力とはまったく対極の位置にある。

『古事記』の表現はより具体的に描かれている。陽神の伊邪那岐命は陰神の伊邪那美命に「汝身者如何成」(4)〝汝(いまし)が身は如何にか成れる〟と屈託なく問う。伊邪那美命は自らの凹とした女性性器を「成成(而)不成合処一処在」(5)〝成り成りて成り合はざる処一処(ひとところ)在り〟と率直に答える。これに対し伊邪那岐命は「我身者。成成而成余処一処在。故以此吾身成余処。刺塞汝身不成合処而。以為生成国土。生奈何」(6)〝我(あ)が身は、成り成りて成り余れる処一処(ひとところ)在り。故(かれ)、此の吾が身の成り余れる処を以ちて、汝(な)が身の成り合はざる処に刺し塞(さふさ)ぎて、国土を生み成さむと以為(おも)ふ。生むこと奈何(いかに)〟と問い、遘合に誘っている。

要するに、伊邪那岐命は自らの凸としてなり余った男性性器で、伊邪那美命の凹とした女性性器を挿し塞いで国土を生みなそうと同意を求める。遘合の目的については明確に国土の生成、つまり、子づくりあるいは社会の体制づくりとされている。伊邪那美命は男を淫靡に焦らす様な素振りは見せず、簡潔に「然善」(7)〝然善(しかよ)けむ〟と即答する。伊邪那岐命は再度丁寧に「然者吾与汝行廻逢是天之御柱而、為美斗能麻具波比」(8)〝然(しか)らば吾(あれ)と汝(なれ)と是の天の御柱を行き廻り逢ひて、みとのまぐはひせむ〟と遘合へと誘っていく。

ここに示された二神の対話は、あまりにあからさまな表現であり、明け透けであるが故に、押し返して卑猥な風を感じさせない。ここでいう遘合とは単なる性交ではなく、男女二神の結婚を意味し、互いに言葉を掛け合い、愛おしみ、男女の象徴を合わせて、いのちを継いでいく行為である。つまり、性愛における遘合を、いのちを継ぐ営みのはじまりとして表現している。
ちなみに、第五の一書には、伊弉諾尊と伊弉冉尊の二神が、上下に首尾を振る鶺鴒（にはくなぶり）という小鳥の動作を見て、遘合の術を学んだと記されている。〝恋に師匠なし〟というが、神様の性愛の師匠は鶺鴒（にはくなぶり）というかわいい小鳥とされている。

古来、人間の時代なら交合図や春画の類は数多存在した。四、五世紀のインドでは、すでに性愛論書『カーマ・スートラ』が書かれている。また、ラクシュマナ寺院など、十から十二世紀のカジュラーホー寺院建築群の壁面には、官能的な体位で激しく絡み合う男女の姿が浮き彫りにされている。このミトゥナと呼ばれるレリーフの交合像はユネスコの世界遺産に登録されている。

時代は遡って、古代中国では、一世紀以降、『漢書』「芸文志」の「方技略」に、性の技巧を解いた房中術が記されている。七世紀、隋・唐代の中国でも、交接の体位を記した前述の『洞玄子』がある。こうした情報がめぐりめぐって、後代、日本においても、江戸四十八手や表裏合わせて九十六手が定義づけられた。

『ラッセル結婚論』には、「医師が、結婚して数年になる夫婦から、どうやって子どもを作るのか教えてほしいと聞かれ、調べてみると、その夫婦は性交をする方法を知らなかったというようなことは、決してまれではない。性行為は、したがって、最も厳密な意味では、本能的なものではない[9]」と記されている。これは未開社会の出来事でも超絶技法を請う話でもない。性愛を禁忌とするあまり、子づくりをめぐる情報交換を忌避する文化や、宗教社会下においてはあり得る話だという。

性欲は本能であっても、性行為が本能でないならば、いのちを継ぐ行為のはじめとして、互いを褒め合い、互いの合意に基づき、いのちを継承していく営みを描いた『古事記』『日本書紀』の内容が性教育の教材として果たした役割もあったのだろう。そういえば、公家や大名の姫君の嫁入り道具のなかに〝春画〟(10)が含まれていたという話もある。

春画とは男女の情愛のみならず、人間が営む様々な性愛を描いた肉筆や版画をいう。起源の詳細は不明であるが、諸々の漢籍、とりわけ、平安時代に中国から伝来した前述の医学書の図解が具体的な先例とみる向きもある。春画という響きはどこか下世話な感も否めないが、江戸時代（十七世紀から十九世紀）には、菱川師宣、英一蝶、鳥居清信、鈴木春信、勝川春章、狩野典信、円山応挙、鳥居清長、喜多川歌麿、葛飾北斎、歌川国貞（豊国）、歌川国芳など、名だたる絵師や浮世絵師が性愛の様を描いている。

春画の役割は様々である。肉筆画の所有が一部の富裕層に限られていた一方、版画の発達により、春画は徐々に市井に普及した。多色刷りの錦絵が出現すると、美術品としての価値も高まった。現代では、特に作家性の強い作品は芸術品としての評価が高く、鑑賞や収集の対象になっている。当然、江戸時代の春画は片手で見るポルノグラフィティ。つまり、エロ本の類として貸本業界を賑わせた。そこでは、性器そのものを執拗に誇張し巨大化させて描いたり、幽霊や妖怪あるいは人や動物の姿に擬人化させたり、人々の笑いを誘う娯楽要素の強い〝笑い絵〟としても重宝された。

また、春画は公家や大名の姫が嫁入り道具として持参した性教育の手引書としても役立てられた。

この道具に忍ばせた春画は子孫繁栄の縁起物ともされ、武運長久のために春画を鎧櫃に納めた武家の風習や、火難除けのために春画を蔵に納めた商家の風習にもつながっていく。

春画をいかがわしく猥褻なものとして侮蔑し、忌避してしまえばそれまでだが、神話にしても、春画にしても、かつての日本には性愛に対しておおらかで寛容な時代があった。陰陽が分化したときから、性愛は人間が〝生まれ〟〝生き〟〝生む〟という生成と深く関わり、生物としての人間のいのちの継承、子孫繁栄（種族保存）という本能を支えてきた。性愛を描く神話や春画は生成のエネルギーの表現であり、こうした性の力は信仰の対象にさえなり得た。

二神の性愛の目的として、次に展開するのは国生みである。この神話は国土を創造するのではなく、国土を生みなすという独特な発想に基づいている。つまり、性愛の結果、最初に得たのは子ではなく、国なのである。

『日本書紀』神代巻第四段本文によれば、国生みをするに至って、伊弉諾尊と伊弉冉尊の二神は先ず淡路洲（アハヂノシマ）を胞とした。胞とは胞衣（えな）ともいい、胎児を包んだ膜と胎盤をいう。しかし、二神は胞として生まれた淡路洲を快（こころよ）しとせず不満足とした。このため、淡路洲は吾恥（あはじ）といい、大八洲国に含めていない。

改めて国生みを試みた二神は、一番目の大日本豊秋津洲（オホヤマトトヨアキヅシマ）を生む。二番目に伊予二名洲（イヨノフタナノシマ）。三番目に筑紫洲（ツクシノシマ）。四番目と五番目に双生（双子）の億岐洲（オキノシマ）と佐度洲（サドノシマ）。六番目に越洲（コシノシマ）。七番目に大洲（オホシマ）。八番目の吉備子洲（キビノコシマ）を生む。これを大八洲国（オホヤシマノクニ）という。

胞とされた〝淡路洲〟と同様に、対馬島(ツシマ)、壱岐島(イキノシマ)、処処の小島は潮の沫あるいは水の沫が凝り固まってなったものとされ、大八洲国とは区別された。ちなみに、『古事記』では、島名に加え神名も冠されている。ところが、『日本書紀』には神名はなく、島名が記されるのみである。

註

(1) 黒板勝美編輯『新訂増補　国史大系　日本書紀　前篇』吉川弘文館、一九六六年、五頁。
(2) 同右、『新訂増補　国史大系　日本書紀　前篇』五頁。
(3) 同右、『新訂増補　国史大系　日本書紀　前篇』五頁。
(4) 黒板勝美編輯『新訂増補　国史大系　古事記　先代旧事本紀　神道五部書』吉川弘文館、一九六六年、六頁。
(5) 同右、『新訂増補　国史大系　古事記　先代旧事本紀　神道五部書』六頁。
(6) 同右、『新訂増補　国史大系　古事記　先代旧事本紀　神道五部書』六頁。
(7) 同右、『新訂増補　国史大系　古事記　先代旧事本紀　神道五部書』六頁。
(8) 同右、『新訂増補　国史大系　古事記　先代旧事本紀　神道五部書』六頁。
(9) バートランド・ラッセル著、安藤貞雄訳『ラッセル結婚論』岩波書店、一九九六年、一九頁。
(10) アンドリュー・ガーストル『江戸をんなの春画本　艶と笑の夫婦指南』平凡社新書、二〇一一年参照。

絶妻之誓(ことど)という離婚宣言

『日本書紀』神代巻第五段第六の一書によれば、伊弉冉尊(イザナミノミコト)は火神の軻遇突智(カグツチ)を生み、重い火傷を負い死に至る。夫の伊弉諾尊（イザナギノミコト）は伊弉冉尊の死を嘆き、怒りのままに軻遇突智を切り殺す。そして、伊弉冉尊を追って黄泉の国へ向かう。その黄泉の国は「凶目汚穢之国」(1)〝しこめき、きたなきくに〞と記され、暗く醜く汚く穢れた地下世界とされている。本居宣長は『古事記伝』のなかで「唯死人の往て住国と意得べし、……貴きも賤きも善も悪も死ぬればみな此夜見国に往ことぞ(2)」と、黄泉の国を貴賤も善悪も関係なく、人が死ねば必ず行く死者の住む国と説いている。

伊弉諾尊は異界に踏み込むことさえいとわず、〝惚れて通えば千里も一里〞とばかりに、愛妻のいる黄泉を訪問する。その甲斐あって、伊弉諾尊は黄泉で伊弉冉尊との再会を果たす。しかし、黄泉の国で黄泉のものを食べると黄泉の国の人（神）になってしまうという。伊弉冉尊はすでに黄泉の国で食事を済ませた後だったのか、伊弉冉尊は伊弉諾尊の迎えが遅すぎたと責め立て、自分の寝姿を見ることを固く禁じ、そのまま寝入ってしまう。

見るなといわれると見てしまうのが性（さが）である。伊弉諾尊はこうした禁忌に怯むことなく、自らの櫛に火を灯し、伊弉冉尊の寝姿を覗き見して驚愕する。そこで見たものは膿が湧き、虫（うじ）が集る伊弉冉尊の変わり果てた姿であった。伊弉諾尊は禁忌を破り、見てはいけないものを見てしまったのである。

覗き見に気づいた伊弉冉尊は、「何不用要言。令吾恥辱(4)」〝何ぞ要（ちぎ）りし言を用いずして、吾に恥辱（はぢ）みせます〞と、伊弉諾尊が約束を反故にして、自分に恥辱をかかせたのかと憤る。この禁忌破りを契機として、二神は死別に続いて、本当の別離を迎えることになる。ちなみに、覗き見によって夫婦別れに至る神話は、後に触れる彦火火出見尊と豊玉姫の話や倭迹迹日百襲姫命と大物主神の話にも見ることができる。

禁忌を破った伊奘諾尊は亡き妻に追われて、黄泉から脱出するため、ほうほうの体で泉津平坂に至る。この第六の一書には「或所謂泉津平坂者。不復別有処所。但臨死気絶之際是之謂歟」[4]〝あるいはいふ、泉津平坂といふは、復別に処所あらじ、ただ死るに臨みて気絶ゆる際、是を謂ふか〟と記されている。これによれば、泉津平坂とは具体的な場所ではなく、生死の境界あるいは臨終の瞬間を地名に譬えたものと記されている。その意味するところは、泉津平坂が単に黄泉の国との境界のみならず、死別した妻への未練を断ち切った瞬間ということにもなる。伊奘諾尊の気持ちの変化は、かって愛した妻が追い迫ってくる道（泉津平坂）を、千人所引磐石で塞いでしまうほど強かった。これ以降、伊奘諾尊と伊奘冉尊との敵対関係は激しさを増していく。この泉津平坂で、伊奘諾尊は伊奘冉尊に絶妻之誓（絶妻・事戸）を建す。この絶妻之誓とは夫婦の離婚以上に、人間の死と生の対立を語る死の起源神話と関連づけられる。

この第六の一書では、生死をめぐる二神の激しい言葉の応酬が展開される。伊奘冉尊は「吾当縊殺汝所治国民日将千頭」[5]〝吾はまさに汝が治らす国民日に千頭縊り殺さむ〟といい、国民を一日に千人を縊り殺すと呪言する。これに対して伊奘諾尊は「吾則当産日将千五百頭」[6]〝吾はすなはちまさに日に千五百頭産ましめむ〟といい、一日に千五百人を生むと祝言する。この神話は『日本書紀』のなかで「国民」という言葉が最初に語られた伝承である。あろうことか、その国民は初出の場面で伊弉冉尊から縊り殺すと宣言されるのだ。これに対して、伊弉諾尊の言葉が死をも上回るいのちの継承を約束し、人間の生成力を祝福する。こうして、縊死を宣告された国民の物語は生成発展の物語へと転化していく。

しかし、一九七〇年代初めの第二次ベビーブーム以降、出生率は低下の一途をたどり、七〇年代末からは死亡率の上昇が著しくなった。厚生労働省HP（ホームページ）の「人口動態統計の年間推計」によれば、平成十七（二〇〇五）年、ついに死亡率が出生率を上回った。このため、この年が少子高齢化社会の大きな節目となる。今後、こうした統計の推移は極端に改善される見込みはない。生まれくる人より死にゆく人の方が多いというのも寂寥の感がある。今や、伊弉諾尊による生の祝言は伊弉冉尊の死の呪言と逆転してしまったのだろうか。

夭折、不慮あるいは非業の死はとても悲しいことである。ただし、生があれば必ず死がある。死が悲しいからといって、死それ自体を不幸と断言してしまうと、人生の終（つい）はあまねく不幸になってしまう。問題は個々の人がどう生きるかという意志や、どう生きたかという自覚である。老若男女貴賤に関わりなく、時間をかけて死に向き合う余裕があるなら、日毎に近づいてくる死と寄り添うこともできる。このため、人に死をもたらせた伊弉冉尊が悪神だと断言することもできない。

伊弉諾尊は亡くなった妻に対して、とても切ない言葉を述べている。第十の一書には、「始為族悲及思哀者。是吾之怯矣」[7]〝はじめ族（うから）の為に悲（かな）び、思哀（しの）びけることは、是吾（これわ）が怯（つたな）きなりけり〟と記されている。伊弉諾尊は伊弉冉尊の死を悲しみ、伊弉冉尊を想い偲んでいたかつての自分を拙い過去と切り捨ててしまう。

愛妻家であった伊弉諾尊は、共に国つくりに勤しみ励んできた妻に対し、格別な思いを持ち、その死を納得することができず、死んだ妻に執着した。しかし、その妻とは住む世界も違え、生死の価値観すら共有できなくなっていた。それに気づいた伊弉諾尊はようやく妻の死を乗り越えることができた。伊弉諾尊も伊弉冉尊も割り切りは早く、これ以後、二神が寄り添うことは二度とない。伝達事項は泉守道者（ヨモツチモリビト）と菊理媛（ククリヒメ）を介して取り次がれるようになる。

伊弉諾尊は菊理媛の発した言葉をいたく誉めそやす。ただし、菊理媛が何を語ったのかはまったく触れられることはない。だからといって、伊弉諾尊との新たな恋のはじまりを予感させる記述もない。菊理媛はこの第十の一書にしか登場しない謎の多い神なのである。

菊理媛は離婚した夫婦を仲介する弁護士という役割ではなく、異界の御霊との交流を取り次ぐシャーマンだったのかもしれない。また、菊理媛はククリヒメの神名〝ククリ〟を〝括り〟と転化して、縁結びの女神とされ、伊弉諾尊と伊弉冉尊を復縁させた愛のキューピットとして信仰された。菊理媛の存在が〝離別の後の悋気（りんき）〟を誘ったのかもしれない。白山信仰の白山比咩（シラヤマヒメ）はこの菊理媛と同一視され、伊弉諾尊と伊弉冉尊とともに白山比咩神社の祭神として祀られている。こうした信仰の事実は文献に書かれざる古典の欠落部を補うカギになる。

ただし、伊弉諾尊と伊弉冉尊は生死を跨ぎ、苦しみ抜いた末に、やっとの思いで別れる決心をした。ここで唐突に縁結びの神が登場し、二神の復縁を成就させたというのは話の筋からしてなんとも腑に落ちない。絶妻之誓(ことど)で見せた、あの断腸の思いは何だったのかと拍子抜けになる。〝焼け木杭(ぼっくい)には火がつきやすい〟〝遠くて近きは男女の仲〟といってしまえばそれまでだが、〝生〟に対する価値を共有できなくなった伊弉諾尊と伊弉冉尊の交流はその後、古典のどこにも記されることはない。〝覆水盆に返らず〟である。

註

(1) 黒板勝美編輯『新訂増補　国史大系　日本書紀　前篇』吉川弘文館、一九六六年、一五頁。
(2) 大野晋・大久保正編集校訂『本居宣長全集　第九巻』筑摩書房、一九六八年、二三八、二三九頁。
(3) 前掲の『新訂増補　国史大系　日本書紀　前篇』一五頁。
(4) 同右、『新訂増補　国史大系　日本書紀　前篇』一六頁。
(5) 同右、『新訂増補　国史大系　日本書紀　前篇』一六頁。
(6) 同右、『新訂増補　国史大系　日本書紀　前篇』一六頁。
(7) 同右、『新訂増補　国史大系　日本書紀　前篇』二一頁。

大日孁貴（天照大神）と素戔嗚尊

『日本書紀』神代巻第五段第六の一書によれば、伊弉諾尊と伊弉冉尊は神生みの途中で死別し、その後に、離婚（絶妻之誓）をする。したがって、二神による神生みは未完に終わる。しかし、『日本書紀』本文には、黄泉の国の物語は記されていない。これにより、二神の死別も離婚も触れられぬまま、伊弉諾尊と伊弉冉尊による神生みは滞りなく継続する。第五段本文で強調されるのは、二神による神生みの最後に生まれた大日孁貴・月神・蛭児・素戔嗚尊ら尊貴な四神の存在である。ちなみに、『古事記』に記された天照御大神・月読命・建速須佐之男命も三貴子と称され尊ばれている。

神代巻第五段本文によれば、国生みを経て、伊弉諾尊と伊弉冉尊は海、川、山、木の神々を生みなし、いよいよ天下の主者となるべき日神の大日孁貴（オホヒルメノムチ）を生む。一書ではこの神を天照大神（アマテラスオホミカミ）あるいは天照大日孁尊（アマテラスオホヒルメノミコト）と称する。伊弉諾尊と伊弉冉尊は光華明彩で六合（天・地・東・西・南・北）に照り輝く日神出生を喜び、桁外れに霊威の高い日神を久しくこの国に留め奉るべきではないと、天に送り上げ、天上の世界を統治させる。

次に二神は月神を生む。一書ではこの神を月弓尊（ツクユミノミコト）、月夜見尊（ツクヨミノミコト）、月読尊（ツクヨミノミコト）と称する。この月神の光彩も日神に次ぐものであり、日神と同様に天に送られる。次に蛭児（ヒルコ）を生む。しかし、この神は三歳になっても脚で立つことができず、天磐櫲樟船（あめのいはくすぶね）に載せて放ち棄てられる。次に素戔嗚尊（スサノヲノミコト）を生む。一書ではこの神を神素戔嗚尊（カムスサノヲノミコト）、速素戔嗚尊（ハヤスサノヲノミコト）と称する。この神は荒々しく、常に大声を上げて泣き叫び、人民（ひとくさ）を早死にさせ、青山を枯山にした。これにより、父母の二神は素戔嗚尊を甚だ無道非情とし、宇宙（天下）に君臨すべき器ではないとして、遠い根の国へと放逐する。

『日本書紀』本文によれば、大日孁貴以下四神の両親は伊弉諾尊と伊弉冉尊であることが明記されている。いうまでもなく、日本の神話においては当たり前のようにそう語り継がれている。しかし、

『古事記』や『日本書紀』神代巻第五段第六の一書では、蛭児（水蛭子）以外の三貴子の母神は伊邪那美命（伊弉冉尊）ではない。伊弉冉尊は四神を生む以前に伊弉諾尊と死別あるいは離婚している。したがって、伊邪那美命は三貴子の母たり得ないのである。

『古事記』の神生み神話（『日本書紀』神代巻第五段第六の一書と類似）によれば、伊邪那美命は火神（迦具土神）を生み、陰を焼かれて死んでしまう。伊邪那岐命は伊邪那美命を追って黄泉の国を訪れ、伊邪那美命と再会を果たすも約束を破り、伊邪那美命の屍を覗き見してしまう。禁忌を破った伊邪那岐命は伊邪那美命の怒りに触れ、豫母都志許売らに追われ、黄泉の国から逃走する。

伊邪那岐命は黄泉の国との境界で伊邪那美命と別離した後、黄泉の穢を祓うため、筑紫の日向の橘の小門の阿波岐原で禊をする。伊邪那岐命が川の水で左目を洗うと天照御大神が出生し、右目を洗うと月読命が出生し、鼻を洗うと建速須佐之男命が出生する。この三貴子は天照御大神が天上の高天原を、月読命が夜の食国を、建速須佐之男命が海原（根の国、海底や地下の国）をそれぞれ治めることとされた。

いうに及ばず、『古事記』の三貴子とは、黄泉の穢を祓うため、伊邪那岐命が禊をしているときに出生した神々である。したがって、すでに死して黄泉の国にいた伊邪那美命は明らかに三貴子の母神とはなり得ない。ところが、『古事記』においてすら、伊邪那美命を三貴子の〝御祖（母神）〟と記している。このように、系譜的親子関係を簡潔にまとめた『日本書紀』本文の記述がその折々に基準として、神話の欠落、なかんずく、『古事記』の矛盾を補う役割を果たしている。その一方で、神話の世界では、父親の元妻をも母として受け入れる鷹揚さがあったともいえる。

さて、大日孁貴の大のオホは美称。日のヒは太陽。ルは助詞のノ。孁のメは女（妻）。貴のムチは尊貴なもの。つまり、大日孁貴とは尊貴な太陽の女神を意味する。この別名が神道のなかで最も崇高な神とされる天照大神である。陽は男性を意味するが、神道では陽の極まった太陽神は女神と捉えられている。平塚らいてうが雑誌「青鞜」発刊に寄せた言葉〝元始、女性は太陽であった〟も、この神話伝承に依拠している。

農耕で食の糧を得て、自らのいのちを支えてきた人々にとって、太陽のはたらきは水と同様に、その生活や社会集団の維持存続にまで影響を与えてきた。人々は太陽が放つ光や熱のはたらきを感じ取り、太陽の機能がもたらす強大な力に対し、感謝や畏敬の念を持った。太陽の女神、天照大神（大日孁貴）は斎庭（ゆにわ）の穂（いなほ）の神勅や保食神（ウケモチノカミ）の食物起原神話に深く関わり、神話の随所で農業を奨励してきた。食の糧の安定的な供給が実現すれば民は安寧に生活することができる。これが天照大神の祈りであり願いでもある。

天照大神は天皇の血統上の起原を遡及して求められる皇祖神とされる。古来、『日本書紀』神代巻第九段の伝承に基づき、天皇の皇位継承は男系とされている。ただし、その皇祖神は女神である。したがって、天皇とは、天照大神という女神を祖（皇祖）とする皇胤（男系）が即位してきたことになる。

太陽神や皇祖神とともに、天照大神には祭祀を司る巫覡（ふげき）あるいは祭祀王という重要な役割がある。「孁」の文字には、雨に覆われ口で呪文を唱える女がイメージされる。ここから、大日孁貴を日に仕える巫女と推論する向きもある。三世紀の日本の様子を記した『魏志』倭人伝には、邪馬台国の女王卑弥呼について、「事鬼道能惑衆」[1]〝鬼道につかえよく衆を惑わす〟と記されている。この倭人伝の記述から、女王の持つ祭祀王（最高の巫祝）としての宗教的役割を窺うことができる。太陽に向けられた祈りは、作物の出来具合を左右する長雨や日照りと深く関わりを持つ。これは食の糧の確保や生命維持あるいは共同体存続の意義や社会生活の安定に直接関わる問題である。

日光の天照大神と暴風の素戔嗚尊との姉弟が適度に距離を保ち、仲よくやってくれるのなら安心することもできる。水稲耕作には、太陽の光や熱と同様に、降雨による水も必要不可欠だからである。天照大神ばかりでは日照り続きとなり、素戔嗚尊ばかりでは長雨になり、加えて、嵐に侵された水稲は育たない。陰陽の絶妙な塩梅が乱れると、日照りが続き、あるいは海の彼方から嵐（台風）が上陸し、多大な被害を及ぼすことになる。

素戔嗚尊のスサは〝荒(すさ)ぶ〟のスサ。素戔嗚尊とは日月の輝く晴天時と対照をなす気象の荒天時である。この神が荒ぶと、光華明彩な日月の光さえ地上に達しない。素戔嗚尊の荒振る力は嵐を引き起こし、人民（人草）を年若くして死なせ、青山を枯山にする。

天照大神の弟素戔嗚尊は、本来自分が治めるべき根の国には赴かず、天照大神が治める天上で暴挙に及び、高天原から放逐される。しかし、高天原では悪役に徹していた素戔嗚尊は、追放され出雲に降った後、一転して英雄になる。大和と出雲では、素戔嗚尊の性格がまったく異なり、出雲での素戔嗚尊は悪神から善神へと変容を遂げる。

地上（出雲）での素戔嗚尊の善行とは、奇稲田姫を八岐大蛇から救いだす英雄譚として語り継がれていく。つまり、素戔嗚尊は自然災害（八岐大蛇）から稲田（奇稲田姫）を守り、安寧な生活を勝ち取る英雄である。ここで強調されるのは、姫と結婚して須賀の地で幸せに暮らすという安寧である。この抒情が三十一文字の和歌の起源〝八雲たつ出雲八重垣　妻ごめに八重垣作るその八重垣を〟として今もなお歌い継がれている。

奇稲田姫が豊かな稲田の象徴であるならば、雨をもたらす嵐も水田にとって必要不可欠な現象である。嵐を象徴する素戔嗚尊は穏やかになりさえすれば、恵みをもたらす雨になる。実に〝雨降って地固まる〟である。素戔嗚尊の子孫も、平和のために自己犠牲の意気地を見せる。大己貴神（大国主神）は出雲の国で活躍し、後に国譲りの主人公として宗教的に重要な役割を果たしていく。

註

（1）石原道博編訳『新訂　魏志倭人伝・後漢書倭伝・宋書倭国伝・隋書倭国伝　中国正史日本伝（1）』岩波書店、一九五一年、一一二頁。

稚産霊と殺される女神たち（食物をめぐる神々）

『日本書紀』神代巻第五段第二の一書によれば、伊弉冉尊は火神の軻遇突智を生みなすことにより、陰（ほと）を焼かれ瀕死の状態となるも、死に至るまで神々を生み続ける。そして、火神の次に土神の埴山姫（ハニヤマヒメ）と水神の罔象女（クラミズハ）を生みなす。その後、軻遇突智と埴山姫の兄妹が結婚して生みなされたのが養蚕あるいは穀物神の稚産霊（ワクムスヒ）である。五穀はこの稚産霊の臍（へそ）からなり、蚕と桑は頭からなったとされる。注目すべきは、火と土の神から生まれたのが食物神ということである。

稚のワクはワカと読み、若い力を意味する。第六の一書に登場する倉稲魂命（ウカノミタマノミコト）のウカもこのワカに通じる。この倉稲魂命は伊弉諾尊と伊弉冉尊が飢えているときに生んだ神とされ、それだけに、食との関わりが深い神とされる。また、倉稲魂命とは稲荷神社の祭神でもある。ウカとは食料を意味し、第十一の一書に登場する保食神（ウケモチノカミ）のウケもウカの転である。

『古事記』に登場する豊宇気毘売神（トヨウケビメノカミ）は稚産霊の子とされており、この豊受のウケもまた、この神が食の神であることの端緒となっている。伊勢神宮外宮の御祭神豊受大神はこの豊宇気毘売神の別名とされる。

本居宣長は食前感謝の歌として〝たなつもの　百（もも）の木草もあまてらす　日の大神の　めぐみえてこそ〟を詠み、食後感謝の歌として〝朝よひに　物くうごとに　豊受の　神のめぐみを　思へ世の人〟を詠んだ。『玉鉾百首』(1)に収められた宣長の歌は、現代の神職たちにも受け継がれ、食前食後にそれぞれの歌を唱え、一拝一拍手の後、食前は〝いただきます〟。食後は〝ごちそうさま〟と神々と自然あるいは食に携わる人々への感謝を日々繰り返している。

稚産霊の稚に続く産霊のムスヒは、生成のエネルギーや霊力を意味するため、稚産霊とは若い生産力や食の生産力を象徴する神ということになる。さらに、火神を父神とし、土神を母神する稚産霊の出生を、農法で捉えてみると、この神と焼畑農業との関連が浮かび上がる。

　ニューギニアを中心とするメラネシアや南米に伝承され神話には、火と女陰との関係を示す伝承が見られる。火鑽杵（ひきりきね）と火鑽臼（ひきりうす）による発火法から男女の交合を連想させたという指摘もある。(2) 火と生産あるいは火と農業との関係は焼畑農業の方法と結びつく。焼畑農業とは概ね耕耘（こううん）や施肥（せひ）を加えず、一定期間農地を放置あるいは焼畑を行い、休閑期間を設けて、地力を回復させながら、切り替え地を移動する農法である。(3) これらは水稲耕作伝来以前の縄文時代から継続する古い農法であり、熱帯や温帯の多雨地域あるいは山間部において有用な農法とされている。古来、切断したイモを種イモとして栽培する農法があるが、これは現代の家庭菜園においても、芽の出たイモ（ジャガイモ）を三等分に切断し、菜園で栽培されている。

　ドイツの文化人類学者アードルフ・E・イェイゼンは、インドネシア・セラム島のヴェマーレ族に伝わる神話に依拠して、殺された女神の屍から食物がなるという食物起原神話をハイヌウェレ型神話と呼んだ。(4) ココヤシから生まれたハイヌウェレは大便として陶磁器や銅器を排泄し、それを人々に分け与えた。当初、人々はこれに感謝したが、次第にこの能力を妬み恐れ、ハイヌウェレを生き埋めにして殺してしまう。その後、ハイヌウェレの父親がその屍を掘り起こし、バラバラにして、広場に埋め直すと、その屍から種々のイモ類が生えたという。人々はそのイモを主食にして生き長らえてきたというのである。

イモ類を主食とするハイヌウェレ神話の背後には、水稲耕作に特化した日本の神話よりも古い時代の特色が窺える。縄文時代の遺跡から出土する女性を模った土偶は、肥沃な大地や作物の豊饒あるいは子孫の繁栄を祈る地母神信仰と浅からぬ関係が窺える。ただし、そうした土偶は意図的にバラバラに破壊された形のものが多い。

水稲耕作以前の焼畑農業時代、切断されたイモは種イモとして植えられ、その生育を待って収穫された。これらのイモ類と、バラバラにされて土に埋め直されハイヌウェレと、バラバラに破壊された土偶とが無関係であったとは考え難い。焼畑耕作を背景として死体化生を捉えてみると、古代における火と生産との関係が、神々の伝承に形を変えて、水稲耕作時代に伝え残されたと推論することができる。

『日本書紀』神代巻第五段第二の一書には、男神である稚産霊が殺されるという記述はない。ただし、第十一の一書に記された保食神や、『古事記』の大宜都比売神（大気津比売神）の伝承は、殺された女神の死体化生神話に基づく食物起源神話として注目される。第十一の一書には月夜見尊（月読尊）による保食神殺害と、その保食神の屍から種々の食物が生まれる食物起原神話が記されている。この一書は『古事記』の大宜都比売神の話とも類似している。ただし、ここで大宜都比売神を殺すのは月夜見尊ではなく、速須佐之男命（素戔嗚尊）である。

饗応を受けていたにも拘らず、月夜見尊は口から食物を供した保食神を、汚らわしいと怒り殺してしまう。これを知った天照大神（日神）は激怒し、月夜見尊とは一日一夜を別々に離れて住むようになる。その後、天照大神は天熊人を遣して保食神の様子を見に行かせる。すると、保食神の屍から牛馬、粟、蚕、稗、稲、麦、大小豆がなっていた。天熊人は直にこれらを天照大神に献上する。

この一書には、天照大神の御心が「天照大神喜之曰是物者則顕見蒼生可食而活之也」(5)と、記されている。天照大神は保食神から出生した五穀（稲・粟・稗・麦・豆）の献上を人々が食べて活きていく糧の確保と喜び、さらに、「乃以粟稗麦豆為陸田種子。以稲為水田種子」(6)と、食の安定のために陸田・水田の充実を奨励する。牛馬や蚕はそれ自体が食べ物ではなく、農耕や養蚕を助ける存在として生活の支えとなる。つまり、天照大神は民の飢えることのない安寧な生活を自身の喜びとしたのである

註

（1）大野晋・大久保正編集校訂『本居宣長全集　第十八巻』筑摩書房、一九七三年、所収。
（2）松前健『日本神話の新研究』桜楓社、一九六〇年、参照。
（3）徳橋達典『日本書紀の祈り　多様性と寛容』ぺりかん社、二〇一八年、一三〇、一三一頁。
（4）アードルフ・E・イェイゼン著、大林太良訳『殺された女神』弘文堂、一九七七年、参照。
（5）黒板勝美編輯『新訂増補　国史大系　日本書紀　前篇』吉川弘文館、一九六六年、二三頁。
（6）同右、『新訂増補　国史大系　日本書紀　前篇』二三頁。

第三章　性愛と現代の問題Ⅰ

誓約と物実と男系男子

天照大神は素戔嗚尊による高天原簒奪を憂慮し、訪ねてきた素戔嗚尊を武装して出迎える。これに対し、素戔嗚尊は自らの潔白を晴らすため、誓約（うけい）によって真偽を明らかにしたいと申し出る。『日本書紀』神代巻第六段は天照大神と素戔嗚尊の誓約（うけい）を中心に展開する。誓約とは事前に結果を呪言し、その真価や是非を神に問う行為をいう。

こうして、天照大神と素戔嗚尊はそれぞれが子を生みなし、女神が生まれれば濁心（きたなきこころ）（黒心）の証とし、男神が生まれれば清心（きよきこころ）（赤心）の証とする取り決めを事前に行い、そのうえで、互いの核となる物実（ものざね）を交換し、それぞれ子を生みなしていく。物実のザネは木の実などの実（さね）であり、核として中心になる本体のようなものである。

先ず、天照大神は素戔嗚尊の十握剣（とつかのつるぎ）を物実として受け取り、それを三段に打ち折り、天真名井（あめのまない）で濯ぎ、カリカリと咀嚼して噴き出す。その息吹の狭霧に生まれるのが、田心姫、湍津姫、市杵島姫の三柱の女神である。

次に、素戔嗚尊は天照大神の八坂瓊五百箇御統を物実として受け取り、天真名井で濯いで、カリカリと咀嚼して噴き出す。その息吹の狭霧に生まれるのが、正哉吾勝勝速日天忍穂耳尊、天穂日命、天津彦根命、活津彦根命、熊野櫲樟日命の五柱の男神である。

こうした結果を単純に捉えれば、天照大神は女神を生みなし、素戔嗚尊は男神を生みなしたことになる。子を生みなす行為に主眼を置く素戔嗚尊は、男神を生みなした自分に清明があるとして、一方的に誓約の勝利宣言をする。しかし、天照大神はこれに物言いをつける。

『日本書紀』神代巻第六段本文によれば、天照大神は「原其物根。則八坂瓊之五百箇御統者。是吾物也。故彼五男神悉是吾児」(1)〝その物根を原ぬれば、八坂瓊之五百箇御統は、これ吾が物なり。故、彼の五の男神は、悉にこれ吾が児なり〟と、さらに「其十握剣者、是素戔嗚尊物也。故此三女神、悉是爾児」(2)〝その十握剣は、これ素戔嗚尊の物なり。故、この三の女神は、悉にこれ爾が児なり〟と明言している。つまり、天照大神は物根（物実）を視点として、天照大神の物実である八坂瓊之五百箇御統からなった五柱の男神を自らの子とし、さらに、素戔嗚尊の物実である十握剣からなった三柱の女神を素戔嗚尊の子と主張するのである。これにより、天照大神が自らの物実に主眼を置いていたことが明確になる。

五柱の男神のなかで最初に生まれた正哉吾勝勝速日天忍穂耳尊の後胤が天皇へとつながっていく。

これこそが、天照大神を皇祖神とする重要な論拠の一つなのである。物実を重視するのか、生み出した行為を重視するのかによって、誓約の結果も親子関係も変わってしまう。あえて、この誓約の問題点を指摘するならば、男女の産み分けによって誓約の結果を定めるのと同時に、本体となる物実の是非を事前に確認しておく必要があったということになる。

しかし、第一の一書では、天照大神の優位性が怪しくなる。〝心が明浄ならば必ず男神が生まれる〟と、事前に誓約の結果を宣言するのは他でもない日神（天照大神）であり、加えて、天照大神は自身の剣を物実として三柱の女神を生みなし、素戔嗚尊は自身の瓊を物実として五柱の男神を生みなしていく。したがって、第一の一書では、誓約に完全勝利するのは素戔嗚尊ということになり、皇祖神も天照大神ではなく、素戔嗚尊ということになる。

第一の一書と類似するのが第三の一書である。この一書は男神の数が五柱ではなく六柱だという違いはあるものの、第一の一書と同様に素戔嗚尊の清心が明示されている。さらに、日神は誓約に際して「如生男者。予以為子。而令治天原也」(3)〝如(も)し男を生まば、予(あれ)以て子として、天原(あまのはら)を治(しろ)しめむ〟と述べている。本文によれば、天照大神は物実を重視して、五柱の男神を自らの子と主張した。ただし、この一書において、天照大神は素戔嗚尊が生んだ子が男子であれば、自分の子として天原を統治させると宣言し、どちらが生んだ子であっても、男子を自らの後継とすることを明言する。加えて、男神の正哉吾勝勝速日天忍穂耳尊の命名は素戔嗚尊の勝利に因むものとまで記され、素戔嗚尊の正当性を強調し、その御子誕生を言祝(ことほ)いでいる。この天忍穂耳尊とは地上に降臨する瓊瓊杵尊(ニニギノミコト)の父神である。

したがって、第三の一書においても、実の皇祖神は天照大神ではなく、素戔嗚尊ということになる。『日本書紀』本文を中心とする神話のなかで、素戔嗚尊は出雲の祖神とされる。このため、第三の一書の記述は、皇統において出雲と大和の立場を反転させるような展開となっている。日本初の官撰国史『日本書紀』は本文を基準として皇統の正統性を厳格に護持するように思えるが、意外なほど一書の異伝に対して寛容な姿勢が窺えるのは新鮮である。

『古事記』においては、天照大御神も速須佐之男命も誓約の結果を事前に呪言していない。このため、誓約の結果の判断材料がないのである。ただし、誓約の後に、天照大御神は『日本書紀』本文と同様に物実を重視して五柱の男神を吾が子と主張する。一方、速須佐之男命も吾が子を五柱の男神とは主張せず、「我心清明故。我所生子得手弱女。因此言者。自我勝(4)」〝我が心は清(きよ)く明(あか)し。故(かれ)、我が生める（ところの）子は、手弱女(たわやめ)を得(え)つ。これによりて言(まをさ)は、自(おのづか)ら我勝ちぬ〟と、嫋(たお)やかな女性の優位性を主張して、勝さびを上げる。これもまた、『古事記』の成立要因における女性の立場を軸とした後宮との関係の差し響きかもしれない。(5)

ちなみに、この『日本書紀』神代巻第六段を天照大神と素戔嗚尊の姉弟による遘合、つまり、弟姉婚、近親相姦とする森朝男の指摘もある。(6) 三浦佑之は森の説を受け、「おそらく、誰もが感じることでしょうが、剣や玉を噛んで吹き出して子を生むという発想には、性的なイメージがつきまとっているでしょう。そして、それが姉アマテラスと弟スサノヲとによってなされるというのは、古代文学研究者の森朝男が指摘するとおり、幾重にも『隠蔽してはいるが』、兄妹婚と巫女の犯しという禁忌性を『深く潜在させている』とみるべきだ……[7]」とある。

作物の豊かな恵は太陽の光や熱とともに水が必須の要件となる。天空で光り輝く日光のみならず、大海原から迫りくる嵐は水をもたらす天の恵でもある。農耕に基礎を置く文化において、適度な光と水の享受は豊饒への祈りと直結し、日照りや長雨の災いを避ける祭祀の動機づけとなる。その豊饒への願いが必然的に陰陽男女の遘合あるいは和合に基づく子孫繁栄に結びつく。世界各地で性器崇拝が多く見られるというのも、そうした祈りの差し響きである。

日本の神話には伊弉諾尊と伊弉冉尊など、性差を語る性的描写が随所に見え、こうした表現を憚ることはない。兄妹である軻遇突智と埴山姫が結婚して稚産霊を生むなど、神々が近親で結婚して子をなすことは珍しくない。漢籍の影響が強い『日本書紀』であっても、第三巻の人皇紀以降、同母の兄妹姉弟の結婚は禁忌とされていた。しかしながら、垂仁天皇紀の狭穂彦王（サホヒコノミコ）と狭穂姫（サホヒメ）や、允恭天皇紀の木梨軽皇子（キナシノカルノミコ）と軽大郎皇女（カルノオホイラツメノヒメミコ）の近親相姦は悲劇の恋愛として紙幅を割いて語られている。

確かに、剣や玉を嚙んだり、吹き出したりする表現は、性器に関わる行為を連想させる。また、素戔嗚尊の物実を受け天照大神が神々を生みなす行為も、二神の遘合を彷彿させ、天照大神が素戔嗚尊の子種を受けて妊娠出産したと解釈する向きもある。しかし、『古事記』にも、『日本書紀』にも、天照大神と素戔嗚尊との間に遘合があったという直接的な記述はない。遘合の伝承があったのなら、前掲のごとく、そう書かれていても不思議はないのだが、そうは書かれていない。第六段本文の誓約において、素戔嗚尊が天照大神の子種を受けて、神々を生みなすというのも腑に落ちない。カトリーヌ・ドヌーブとマルチェロ・マストロヤンニ主演映画『モン・パリ』(8)ならいざ知らず、女の子種によって男が妊娠出産するというイメージも成立し難い。神々の行為すべてを象徴の表現といってしまえばそれまでだが、この第六段の誓約(うけひ)は、二神の遘合ではなく、核となる本体あるいは物実(ものざね)について、視点を絞って強調した段だと考える。

註

(1) 黒板勝美編輯『新訂増補　国史大系　日本書紀　前篇』吉川弘文館、一九六六年、二六頁。
(2) 同右、『新訂増補　国史大系　日本書紀　前篇』二六、二七頁。
(3) 同右、『新訂増補　国史大系　日本書紀　前篇』三〇頁。
(4) 黒板勝美編輯『新訂増補　国史大系　古事記　先代旧事本紀　神道五部書』吉川弘文館、一九六六年、一九頁。
(5) 三谷栄一『古事記成立の研究――後宮と神祇官の文学――』有精堂、一九八〇年、参照。
(6) 森朝男『恋と禁忌の古代文芸史　日本文芸における美の起源』若草書房、二〇〇二年、参照。
(7) 三浦佑之『古事記講義』文芸春秋、二〇〇七年、五八頁。
(8) ジャック・ドゥミ監督『モン・パリ』、カトリーヌ・ドヌーブとマルチェロ・マストロヤンニ主演、一九七三年、男性の妊娠をテーマとしたフランス・イタリア合作のコメディ映画。

代理懐胎と物実

〝石女〟と書いて〝うまずめ〟と読む。これは子どもを産まない女〝不産女〟を蔑む言葉である。

たとえ不妊の原因が男性にあろうとも、結婚して数年を経た夫婦が子宝に恵まれなければ、女性は〝うまずめ〟の責めを負い、これを離縁の理由にされていた。

熊野比丘尼(くまのびくに)(1)は中世から近世にかけて、熊野三所権現勧請のため、地獄極楽の絵解きをしながら各地を遊行した。比丘尼らが携行した絵図『熊野観心十界図』には、「不産女地獄」なる女の地獄が説かれており、そこでは子を産まなかった女の亡者たちが来る日も来る日も泣きながら灯心(灯火の芯)で竹の根を掘らされるという。こうした俗信が影響し、〝産まず女は地獄に落ちる〟〝産まず女は村を滅ぼす〟〝産まず女は生き物を殺生した前世の報い〟など、女性を心ない差別の言葉に曝し、子どもを産めない女性にのみその責めを負わせる風潮があった。

封建的家族制度である家父長制は、近代に至っても明治民法によって保障され、その家父長たる戸主は、その家族を扶養する義務と統制する権利を有した。こうした制度によって、国民はあまねく家に属し、その家の戸主に従属することを強いられた。家督相続においては男子優位の原則が貫かれており、こうした男尊女卑の時代、家を継ぐ使命を帯びた男性の子種(物実)は何より重んじられた。これに反して、子を生む女性の立場は借り腹と蔑まれ、家の事情で母子の絆が引き裂かれることも希ではなかった。こうした酷い話は前時代の幻影だと被覆したところで、産みの母をめぐる悲劇は形を変えて現代にまで及んでいる。血のつながりとか遺伝子の継承という身近な問題が、改めて物実をめぐる問題を際立たせている。

生殖補助医療には夫婦の精子、卵子、胚を用いる配偶者間の場合と、提供された精子、卵子、胚を用いる非配偶者間の場合とがある。「精子・卵子の提供による非配偶者間体外受精に関する JISART ガイドライン」によれば、「後者の非配偶者間の生殖補助医療についても、夫以外の第三者の精子を人工授精の方法により注入するＡＩＤ（Artificial Insemination by Donor）が既に五十年以上前から広く行われており、これまでに一万人以上の出生児が誕生している[2]」という。ＡＩＤ以外の医療においても、第三者の精子の提供による体外受精の方法や第三者の卵子の提供、第三者の胚の提供、代理懐胎があるが、これらは皆「夫婦以外の第三者の精子・卵子・胚を用いるか第三者の子宮による出産[3]」となる。

このように代理懐胎あるいは代理母出産と一言にいっても、そこには趣の異なる二つの方法がある。夫の精子と妻の卵子による受精卵を代理母の子宮に移植する方法であれば、代理母とその子との遺伝的つながりは認められない。一方、夫の精子を代理母の子宮に人工授精させる方法であれば、代理母とその子に遺伝的つながりが認められる。こうしたつながりは契約のうえでの代理母に、産みの母親としての母性を目覚めさせる要因となる。生物学上の産みの母親が子に情を示すのも道理であり、その結果、その代理母との間で生じた親権をめぐるトラブルが訴訟に至るケースもある。

代理母出産は国ごとに禁止あるいは非営利を担保するなど厳しい条件や制限が設けられている。これにより、自国で施術できない人々が国境を跨いで契約を交わすことになり、子どもをめぐる国際的なトラブルも発生させている。こうした現状をより正確に把握し、常に状況に応じて改正を試みるなど、政府は母子の権利が侵害させせぬよう法整備を整える必要がある。とりわけ、子どもの権利や女性の尊厳を守るため、代理母出産においては事前に、これに関わる人々の意志確認、ひいては詳細な契約書を取り交わすなど、入念な手続きを懈怠なく執り行えるようなサポートシステムの確立も必要である。

精子や受精卵など、物実としての子種を尊重する風潮は現在も歴然と存在する。ただ、これらを単純に血筋や血統を重んじる風習と一括りにすることもできない。ここには情けを交わした親しい人々への断ち切れぬ想いも含まれている。病気あるいは死亡した配偶者の精子を凍結保存し、医療の進歩とともに、いつか訪れるはずの絶好の機会に一縷の望みを託す人々もいる。海外においては凍結保存された優秀な男性の精子を提供する精子バンクもあるという。自然界においては優れたオスの遺伝子をメスが欲することは種族保存のうえでも自然なことなのである。

ただし、人の本質においては種か大地か品種か産地かなどという成否優劣を標榜すべきではない。精子バンクは需要あっての供給だということは事実である。しかし、こうした事実については、DNAを介しての優生学や選民思想あるいは人種差別を助長する行為として違和感を拭えない。さらに、感染症のリスクを知りつつ、匿名個人の精子提供サイトを利用する非婚女性もいるという。

生殖補助医療をめぐる問題の背後には、個々の人々が抱えている深刻な状況や決断がともなっている。アイデンティティーの多様性を認める社会であるならば、常識という曖昧な枠に留まることができない人々への寄り添いが求められる。生殖補助医療には非婚や同性婚、さらに、不妊に悩む多くの人々の希望も含まれている。したがって、是非に及ばず、多くの人々がこうした現実を共有する必要がある。

昭和二十四（一九四九）年以来、日本においても、一万五千人もの子どもたちが精子提供による人工授精で生まれている。[4] 日本の民法は第三者を介した出産を想定されておらず、こうした親子関係について規定する法律が曖昧なままにされていた。これに対し、平成二十七（二〇一五）年、自民党の法務部会と厚生労働部会の合同会議は民法の特例として第三者の精子や卵子よる生殖補助医療により出産した子どもは、出産した女性を母とし、父は精子提供者ではなく、法律上のその女性の夫とする方針を固め、その翌年、同合同部会は民法特例法案を了承した。これによれば、父親との関係は遺伝上の親子関係ではなく、民法の規定する法律上の親子関係を優先する。この方針はＤＮＡ検査などの結果如何によって、不利益を被る子どもたちの立場を守るという姿勢を明確にし、曖昧であった法律を多少なりとも整えたという点では評価できる。

ただし、この結果は物実を重視した第六段本文の価値基準とは相違する。つまり、生殖補助医療における血のつながりや遺伝子の継承という事実を、民法が定める家族規定の下に据えたことになる。法律上の父親が遺伝上の父親とは異なるという出自は、親子＝血のつながりという一般的な家族の認識とは乖離する。いずれにせよ、当事者である子どもが出自の事実を知る権利は担保されるべきである。ちなみに、この特例法案は令和元（二〇一九）年現在、いまだ成立していない。

『ラッセル結婚論』によれば、「子供が自分の『種』であることを父親が認識するやいなや、父親の子供に対する感情は、二つの要因によって強化される」[5] とある。この二つの要件というのは「権力愛と死後も生き残りたいという願望[6]」である。この願望とは自分の子孫の業績をも自らのものとする「生命の連続[7]」なのだという。こうして、父親の「野心は、もはや墓場で終わるのではなく、子孫の経歴を通して無限に拡大することができる[8]」。つまり、ラッセルは「母親が自分の腹を痛めた子に思いを寄せるように、父親も命の連続である自分の子に思いを寄せている[9]」と、子に対する父親の思いを表している。

万物一体の仁という気のつながりによる連帯から見ると、親子関係や血縁のみに固執し、それに奔走するのは、狭量な姿勢といえなくもない。しかし、家族における血のつながりという問題もまた、人それぞれに強い思い入れがあり、生物としての種族保存の本能にも適っている。いずれにしても、代理懐胎はじめ生殖補助医療は、生まれた子どもたちとその家族の希望であり続けてほしい。

生殖補助医療に加え、iPS細胞による再生医療は日進月歩である。こうした時代が描く新たな人間の生殖の可能性を模索しながら、将来の親子や家族関係の有り様に照らして、そうした家族愛から輪を広げて、これを支え合う社会が万物一体の仁という考え方を多少なりとも留意できるならば、生まれてくる子どもたちの立場を、自身の問題として、最大限に尊重できるようになるだろう。

註

（1）萩原龍夫『巫女と仏教史――熊野比丘尼の使命と展開』吉川弘文館、一九八三年。
（2）日本生殖補助医療標準化機関（JISART）の「精子・卵子の提供による非配偶者間体外受精に関する JISART

ガイドライン」の前文、平成二十（二〇〇八）年七月二十日、参照。
（3）同右、「精子・卵子の提供による非配偶者間体外受精に関するJISARTガイドライン」参照。
（4）由井秀樹「日本初の人工授精成功例に関する歴史的検討・医師の言説を中心に」『コア・エシックス』立命館大学大学院先端総合学術研究科、二〇一二年、参照。
（5）バートランド・ラッセル著、安藤貞雄訳『ラッセル結婚論』一九九六年、岩波書店、二七頁。
（6）同右、『ラッセル結婚論』二七頁。
（7）同右、『ラッセル結婚論』二七頁。
（8）同右、『ラッセル結婚論』二七頁。
（9）同右、『ラッセル結婚論』二七頁。

鎮魂（魂振）と天鈿女命の舞

『日本書紀』神代巻第七段本文に記された天石窟神話は、素戔嗚尊が引き起こした高天原での暴挙から展開する。誓約の後、素戔嗚尊は一方的に勝利を宣言し、高天原に留まり続け、春には、天照大神自身の御田（天狭田・長田）に重ねて種を播き、田の畔を破壊する。秋には、田に天斑馬を放って田を荒らし、稲の育成や収穫を妨害する。また、天照大神の新嘗宮に糞をし、神衣を織る忌服殿の屋根を穿ち、皮を剝いだ天斑馬を投げ入れるなど、祭祀の妨害行為を続けた。これに驚き梭で負傷した天照大神は、激怒して天石窟に幽居してしまう。こうして、六合（天地東西南北）は常闇の世界になる。

神々は天安河原に参集し、日神（天照大神）再来を願う祈りの方法を協議する。思兼神は知恵を絞り、常世の長鳴鳥を長鳴きさせ、手力雄神を天岩戸の側に待機させる。

天児屋命と太玉命は天香山の五百箇真坂樹を掘り起こし、上の枝に八坂瓊五百箇御統を、中の枝には八咫鏡を、下の枝には青和幣と白和幣を掛けてともに祈禱する。

猿女氏の遠祖の天鈿女命は手に茅纏の矟を持ち、天香山の真坂樹を頭に巻いて鬘とし、蘿を手繦にして、篝火を焼き、覆槽を置き伏せて、そこに乗って神懸かりして舞い踊る。神々は天鈿女命の舞踊に興じ、楽しそうに歓喜する。

これに対し、天照大神は常闇であるにもかかわらず、神々が笑っていることを訝しく思い、岩戸を少し開いて外の様子を窺う。その瞬間に、手力雄神が天照大神の手を取って、石窟から引き出し、天児屋命と太玉命が石窟に端出之縄を張り渡す。こうして世界は光を取り戻す。この後、諸神たちは素戔嗚尊に罪を問い、千座置戸という贖罪を科し、髪または手足の爪を抜き、罪を購わせる。そして、素戔嗚尊を高天原から放逐する。

太陽神の天照大神が身を隠すという天石窟神話は日食の闇を語った神話ではなく、冬至に斎行される鎮魂祭との関連が指摘されている。[1] 鎮魂祭とは日照時間が最も少なくなる冬至の日、日神の子孫にあたる天皇の霊魂が体から遊離するのを防ぎ、体内に鎮める儀礼と考えられている。

大同二（八〇七）年、斎部広成が執筆した『古語拾遺』には、「鎮魂之儀者、天鈿女命之遺跡」[2]〝鎮魂の儀は、天鈿女命の遺跡なり〟と記されている。これに依拠して、天鈿女命の神懸りが宮廷鎮魂祭の神楽舞の起源とされた。その詳細については、「令天鈿女命以真辟葛為鬘、以蘿葛為手繦、以竹葉（ママ）・飫憩木葉為手草、手持着鐸之矛、而於石窟戸前覆誓槽、挙庭燎、巧作俳優、相与歌舞」(3)〝天鈿女命をして、真辟（まさき）の葛（かづら）を以て鬘（かづら）と為し、蘿葛（ひかげ）を以て手繦（たすき）と為し、竹葉（ささば）と飫憩（おけ）の木の葉を以て手草（たくさ）と為し、手に鐸（さなき）着けたる矛を持ちて、石窟の戸の前に誓槽覆（うけふね）せ、庭燎（にわび）を挙して、巧に俳優（わざおぎ）を作（な）し、相与（あいとも）に歌ひ舞はしむといふ〟と記されている。これは天鈿女命が神憑りしてトランス状態となり、魂を活性化させようと情熱的かつ官能的に舞い踊る様を描写している。

天石窟に籠っていた天照大神が感じ取れるのは波動として伝わる歌舞の音と、神々の笑い声のみである。それゆえ、天照大神は、「比吾幽居、天下悉闇、群神何由如此之歌楽」(4)〝吾比（われこのごろ）幽（かく）り居て、天下悉に闇けむを、群神何の由にか如此歌楽（ゑらきあそ）ぶ〟と語っている。天照大神が〝歌舞〟ではなく〝歌楽〟といったのは、歌や楽や笑いの波動が天照大神の心を動かし、天岩戸を開かせたという伏線になる。〝笑う門には福来る〟ともいう。皆の笑い声が響く場には神々が寄り来る。音楽や笑いにはこれほど大きな波の力がある。

『古事記』には、鍛冶の天津麻羅（アマツマラ）が登場する。麻羅とは梵語由来の隠語で、陰茎を意味する。平安初期の仏教説話『日本霊異記』には、マラを男根とする記述がある。これにより、天鈿女命の茅纏（ちまき）の矟（ほこ）と、刀鍛冶の天津麻羅との関連に注目すると、天鈿女命の茅纏の矟は、この天津麻羅が作製したとも考えられる。神々を笑いに導いた天鈿女命の舞は魂を活性化させる芸能行為と結びつく。天鈿女命が茅纏の矟を男性性器に見立て滑稽に舞い踊り、神々の笑いを誘い、場を活気づけたとする向きもある。そうであるならば、響き渡る神々の笑い声は決して奥ゆかしいものではなく、多少下卑たところがあったのかもしれない。しかし、天照大神の好奇心がこの力強い音の波に誘われ、天岩戸を開かせて、ひいては世界に光を取り戻していく。

『日本書紀』天武天皇十四（六八五）年十一月二十四日の条によれば、「丙寅。法蔵法師。金鍾献白朮煎。是日。為天皇招魂之[5]」と記され、卯の日に斎行される新嘗祭前日の寅の日に、法蔵法師と金鍾が白朮を煎じた薬を献上し、この日に天皇のために招魂を行っている。

『日本後紀』延暦二十四（八〇五）年二月十日の条にも、「召彼女巫。令鎮御魂[6]」と、桓武天皇の病気平癒のため、石上神宮の巫女を呼び寄せ鎮魂を行った旨が記されている。『令義解』『令集解』ともに「職員令」の「神祇伯」の条によれば、「謂鎮安也。人陽気曰魂。魂運也。言招離遊之運魂。鎮身体之中府。故曰鎮魂[7]」〝謂ふ、鎮は安なり。人の陽気を魂と曰ふ。魂は運なり。言ふは、離遊の運魂を招きて、身体の中府に鎮む。故に鎮魂と曰ふ〟と「鎮魂」が設けられた旨が記されている。こうした鎮魂の詳細は石上神宮の〝鎮魂（魂振）行事〟に残された言葉（祭文、祝詞、呪文）から窺うことができる。

石上神宮の〝鎮魂（魂振）行事〟で斉唱される「十種祓詞」では、「……一二三四五六七八九十」と唱へつつ「布瑠部　由良由良と布瑠部　かく為ては死者生反らむと……布瑠部の神辞と仕奉れり　故この瑞宝とは　瀛津鏡　邊津鏡　八握剣　生玉　足玉　死反玉　道反玉　蛇比礼　蜂比礼　品物比礼の十種を　布留御魂神と尊み敬ひ斎奉ることの由縁を　平けく安けく聞

食て　蒼生の上に罹れる災害及　諸の病疾をも[8]」と、「十種神宝大御名」ではその末に、「布瑠部由良由良止布瑠部[9]」と〝布瑠（振る）〟という言葉が呪文のように繰り返される。

〝布留（布瑠）〟とは石上神宮の地名〝フル〟を指す。このフルとは〝招魂〟や〝振る〟のフルである。〝振る〟の本来の意味はものを揺り動かすことにより、そこに活力を漲らせる呪術的行為とされている。したがって、鎮魂とは魂を振って活力を呼び覚ますこと。つまり、心振るわせる恋の躍動も鎮魂（魂振）なのだといえる。

『万葉集』には、魂を振るわせて老いらくの恋を自嘲的に詠んだ柿本人麻呂の歌がある。「石上振神杉神成恋我更為鴨（巻十一の二四一七）[10]」〝石上　布留の神杉　神さびし　恋をもわれは　更にするかも〟である。石上神宮のある〝布留〟の地が魂振の〝振り〟にかかっている。〝神さびし〟とは単に古びたというのではなく、時を経て神々しくなった様を肯定的に捉える表現である。人麻呂は「石上の布留の社の神杉のように神さびて年老いてしまったけれど、私はさらにまた恋をしてしまったよ」と詠んでいる。

年甲斐もないと自嘲しながらも、老いてなお魂を振るわせる恋を予感し、真っ直ぐに魂の動きに向き合うことができる人麻呂は、歌人としても優れていたのだろう。老人はただ崩れ去るのを待つのみではない。魂の躍動は死ぬまで持ち得るものである。恋は心を振り動かし、生活に楽しみを与え、ときとしていのちの継承につながっていく。老いらくの色狂いと老いらくの恋とは似て非なるものである。このように、鎮魂あるいは魂振は人々のいのちや生活のみならず、文学や芸術にまで深く影響を及ぼしている。

註

（1）松本信宏『日本神話の研究』平凡社、一九七一年、参照。
（2）斎部広成撰、西宮一民校注『古語拾遺』岩波書店、一九八五年、一四三頁。
（3）同右、『古語拾遺』一二三、一二四頁。
（4）同右、『古語拾遺』一二四頁。
（5）黒板勝美編輯『新訂増補　国史大系　日本書紀　後編』吉川弘文館、一九五二年、三八〇頁。
（6）黒板勝美編輯『新訂増補　国史大系　日本後紀』吉川弘文館、一九八〇年、三九頁。
（7）黒板勝美編輯『新訂増補　国史大系　律・令義解』吉川弘文館、一九六六年、二九頁。
（8）石上神宮伝「石上神宮　神拝行事次第」神社本庁、一九五四年、参照。
（9）同右、「石上神宮　神拝行事次第」参照。
（10）『万葉集』には、柿本人麻呂の歌と類似する作者不詳の歌「石上振乃神杉神備西我八更更恋尓相尓家留（巻十の一九二七）」〝石上　布留の神杉　神びにし　われやさらさら　恋にあひにける〟がある。「石上の布留の社の神杉ほど神々しくはないけれど、この年老いた私がいまさらながら恋をしてしまったよ」という意味である。

男根崇拝と繁栄と豊饒

男性性器を活力の象徴として信仰する事例は枚挙に暇がない。最も有名なものはヒンドゥー教で崇拝される男根形石柱のリンガである。これは女性性器のなかから男性性器を見た様子を表しており、シヴァ神の象徴とされている。また、千葉県千葉市若葉区桜木にある縄文時代の加曽利貝塚からは男根の形と思しき石棒が発見されている。これに類似するものは東京都国立市緑川東遺跡、山梨県富士川町平林、長野県佐久市月夜平遺跡、千葉県佐倉市生谷(おぶかい)、愛知県豊川市麻生田町字大橋など各地で出土している。こうした石棒は子孫繁栄や豊饒を祈願する呪物と考えられている。

平成三十（二〇一八）年、東京国立博物館で開催された『特別展　縄文――一万年の美の鼓動　図録』の井出浩正の作品解説には、「石棒は男性器を模した棒状の祈りの石器。一端もしくは両端が男根状に加工され、時期にもよるが、敲打や研磨によって作られる。縄文時代前期に小形の石棒が現れ、中期に大形化するが後期以降になると丁寧な研磨が施された小形品が多くなる。縄文時代の儀礼具としては土偶が有名だが、石棒もおそらく豊饒や繁栄などを願って作られたと考えられる。土偶と同様に意図的に破壊されたり、被熱を受けた石棒が発見されることも多い」(1)と記されている。

ちなみに、一口に縄文時代といっても、この時代は紀元前約一一〇〇〇年から紀元前約四〇〇年までと幅広く、一万年の長きに亘る安定した持続可能社会であった。縄文時代は草創期（前一一〇〇〇～前七〇〇〇）、早期（前七〇〇〇～前四〇〇〇）、前期（前四〇〇〇～前三〇〇〇）、中期（前三〇〇〇～前二〇〇〇）、後期（前二〇〇〇～前一〇〇〇）、晩期（前一〇〇〇～前四〇〇）の六期に分類されている。

この縄文時代は磨製石器を用いた新石器時代とされる。世界史の大勢としては打製石器の旧石器時代、磨製石器の新石器時代、青銅器時代、鉄器時代という流れがあるが、日本においては、弥生時代に鉄器と青銅器がほぼ同時期に伝えられ、時間をかけてこれが普及していった。

さて、鍛冶といえば刀鍛冶が連想される。刀剣も葦牙や石棒と同様に活き活きとした男根と結びつけられる。神奈川県川崎市の金山神社は鉱山や鍛冶の神とされる金山彦神（金山比古神）と金山姫神（金山比売神）を祭神としている。この金山神社には〝かなまら〟の信仰があり、子宝、安産に加え、近年では性病除け、性感染症除けにご利益があるとされている。〝かなまら祭〟は毎年四月に催行され、男根の形態をした様々な神輿が賑々しく街を渡御する。この祭りの由来は近世以降のものとされ、時代によって、その趣もかなり変容したと考えられる。しかし、こうした男根崇拝の祭祀は愛知県小牧市の田懸神社豊年祭や新潟県長岡市のほだれ神社（大神）ほだれ祭など、日本のみならず、世界中で見ることができる。

玄界灘に浮かぶ壱岐島は古来、九州と対馬、朝鮮半島を結ぶ海上交通の要衝であった。航海には夜空の星が導きになる。このため、長崎県壱岐市芦辺町には航海神の表筒男命（ウワツツノヲノミコト）・中筒男命（ナカツツノヲノミコト）・底筒男命（ソコツツノヲノミコト）を祭神とする住吉神社や、月読命を祭神とする月読神社が鎮座している。

また、壱岐には航海と性器にまつわる興味深い場所がある。同市石田町池田東触、印通寺港の西の端。この辺りに、こんもりとした高さ約三、四メートル程の細長い築山がある。「唐人神」と書かれた鳥居を潜（くぐ）って、築山に登ると鬱蒼とした木々の手前に、いくつかの石造りの小さな祠がある。その脇には、一メートル程の立派な男根像など、石や木でつくられた様々な陰陽像が祀られている。

鳥居の脇には〝由緒書き〟というべきか〝まち歩きマップ〟という観光案内が掲げられていて、そこには「中世のころ、若い唐人の下半身が流れつき土地の漁師が祀ったとされる。腰の下の病気に霊験あらたかなことから性神と崇められ、夫婦和合、良縁、安産等に神通力があるといわれている。また男女の下の病の神様として丑満参りをする人が多い」と書かれている。

司馬遼太郎もかつてこの地を訪れており、『街道をゆく　第十三巻　壱岐・対馬の道』には、この〝唐人神〟について「壱岐には、唐人―漂流朝鮮人であろう―を祀った古址が多い。海のむこうから来た客人(まろうど)を神に近いものとして崇敬する民俗が西日本の島々や海浜にあった」(2)と記している。

司馬がこの唐人を朝鮮人と推測するのは、対馬を挟んで位置する壱岐と朝鮮半島との距離に着目してのことと思われるが、黒潮といった海流を考慮すると中国福建省辺りの人々だという可能性もある。

したがって、件の〝由緒書き〟には、この〝若い唐人の下半身〟を英訳して〝the lower portion of a young Chinese's body〟と記されている。どちらにせよ、中世の壱岐の人々がこの海難者のなにをもって唐人（中国人）と判断したのかを示す明確な根拠は残されていない。明らかなことは、壱岐の人々が海難者の遺体の一部を丁重に祀り、それに豊漁の祈りを捧げるという信仰、それが現代にまで継承されているという事実と、そのご利益に夫婦和合、良縁、安産、性病など、性をめぐる霊験が加わったという事実である。司馬も「典型的な漂着神である上に、縁者不明の海難者ということでエビス神であることの神秘的濃度高く、さらに唐人であることでいっそう濃くなっている」(3)と述べている。

このエビス神とは七福神の恵比寿（恵比須・夷・戎・蛭子）のことをいう。ちなみに『日本書紀』神代巻第五段本文ではこれを蛭児と書く。この蛭児(ヒルコ)とは伊弉諾尊と伊弉冉尊の御子であり、大日孁貴(オヲヒルメノムチ)の弟とされている。ヒルメの女（メ）と対になるヒルコの児（コ）は日の御子を意味する。しかし、蛭児は三年たっても脚で立つことができず、天磐櫲樟船の載せられて放ち棄てられてしまう。『古事記』によれば、水蛭子（蛭児）は二神のはじめての子として、生みなされるが、『日本書紀』の記述と同様に、不具の子であったため、葦船に乗せられて流されてしまう。両親が流産した我子を海へ流して葬り、新たな世界を与えたと解釈する向きもあるが、蛭児が悲劇の御子であったことに違いはない。

三貴子の兄弟でありながら、不遇の運命をたどり、後の消息が一切触れられることもない。このため、蛭児には世人の同情や、どこかで生き長らえて立派に成長していてほしいという期待や願望が寄せられるようになる。誰も知らない蛭児のその後の物語は、本来高貴な血筋の若者が苦労を重ね、各地を漂泊しながら立派に成長を遂げるという〝貴種流離譚〟につながった。現実に蛭児漂着の伝説をともなう蛭児信仰は恵比寿神と結びつき、日本各地に残されている。

七福神の恵比寿神と蛭児とを結びつけたのは兵庫県の西宮神社である。鎌倉期の『神皇正統録』には、「蛭児トハ西宮ノ大明神夷三郎殿是也此御神ハ海ヲ領シ給フ」(4)と記されており、天磐櫲樟船に乗せられた蛭児は摂津の国に流れ着き、戎三郎殿（エビスサブロウドノ）として西宮神社に祀られ、海を領する神になったという。

ちなみに、大己貴神（オホナムチノカミ）の別名は大国主神（オホクニヌシノカミ）である。この〝大国〟が〝ダイコク〟と読めるため、大国主神は七福神の大黒天と同一視されている。この大黒天とは破壊と創造を司るインドのシヴァ神に由来する。同じく七福神の恵比寿神は大国主神の子の事代主神（コトシロヌシノカミ）や、大国主神とともに国作りに励んだ少名彦名命（スクナヒコナノミコト）と同一視されている。この事代主神を祭神とするのが美保神社、三島大社、今宮戎神社などである。

蛭児、恵比寿、事代主神、いずれも海や漁との関わりが強い。鯛を釣る恵比寿神の姿が三穂（美穂）で魚釣りをする事代主神の姿に重なるのだろう。事代主神は国譲りの後、八重蒼柴籬（やえあおふしがき）に乗って海へと流れ去り、平和（福徳）を守護する神となる。こうした情景もどこか蛭児の悲哀を彷彿させる。海と蛭児・恵比寿信仰には、こうした背後事情がある。壱岐の唐人神信仰もまた恵比寿信仰に加え、下半身の力が強調され、そのご利益が「夫婦和合、良縁、安産」へと変遷していった。こうした事象も生きる。生むという生成力へ向けられた祈りや願いと結びついていく。

註

（1）東京国立博物館・NHK・NHKプロモーション・朝日新聞社編集『特別展　縄文――一万年の美の鼓動　図録』NHK・NHKプロモーション・朝日新聞社、二〇一八年、二六七頁。

（2）司馬遼太郎『街道をゆく13　壱岐・対馬の道』朝日新聞出版、二〇〇八年〈本書は一九八五年刊の新装版〉、三五頁。

（3）同右、『街道をゆく13　壱岐・対馬の道』三五頁。

（4）近藤瓶城編『史籍集覧　第二冊』（通記第五　神皇正統録　上）近藤活版所、一九〇〇年、二頁。また、『神皇正統録』と同時代の『源平盛衰記』にも「蛭児ハ……摂津国ニ流寄テ海ヲ領スル神ト成テ、夷三郎殿ト顕レ給テ、西宮ニオハシマス」と記されている。

八岐大蛇神話と八雲神詠と安寧

『日本書紀』神代巻第八段は素戔嗚尊による八岐大蛇退治と、八雲神詠歌に詠まれるような素戔嗚尊と奇稲田姫との安寧な生活を語る。英雄が怪物と闘って美しい女神を救い、安らぎを勝ち取るという神話形態は、ペルセウスがアンドロメダを救ったギリシャ神話の英雄譚にちなみ、ペルセウス・アンドロメダ型神話と呼ばれる[1]。

『日本書紀』神代巻第八段本文によれば、素戔嗚尊が天上から出雲の簸の川上に降り立ったとき、どこからか泣き声が聞こえてくる。素戔嗚尊が声の主を捜し尋ねると、脚摩乳と手摩乳という老夫婦が少女を撫でながら泣いていた。脚摩乳と手摩乳には八人の娘がいたが、年毎に八岐大蛇に呑み込まれ、今年はこの奇稲田姫が大蛇に呑まれようとしていた。夫婦は子を失うという不条理を憂い泣いていたのである。素戔嗚尊は脚摩乳に奇稲田姫との結婚を承諾させ、八岐大蛇退治の準備に取りかかる。

素戔嗚尊は奇稲田姫を湯津爪櫛に化身させ、それを髪に挿し、脚摩乳と手摩乳に八度も重ねて醸した酒を造らせ、八面の仮棚を設け、それぞれに酒槽を置き、そこに酒を盛って八岐大蛇を待ち伏せる。現れた八岐大蛇は頭と尾が八つに分れ、目は酸漿のように赤く染まり、背中には松や柏の常緑樹が生い茂り、八丘と八谷にも及ぶ巨体で這い回る。酒に気づいた大蛇はそれぞれの頭を酒槽に落し込み、酒を飲みはじめる。大蛇が酔い潰れて眠ってしまうと、素戔嗚尊は即座に十握剣でこの大蛇を八つ裂きにする。

素戔嗚尊が大蛇の尻尾を切ったとき、剣の刃が少し欠けたため、尻尾を割いてみると、そこに剣を見つけた。これが天叢雲剣（あめのむらくものつるぎ）であり、後の草薙剣（くさなぎのつるぎ）である。素戔嗚尊はこの神々しい剣を自分のものにすることを憚り、これを天神に献上する。

八岐大蛇退治の後、素戔嗚尊は奇稲田姫との結婚生活にふさわしい場所を探し求め、ようやく出雲の清地（すが）に至る。素戔嗚尊は清々しいこの清地に宮を建て、〝八雲立つ出雲八重垣妻籠みに八重垣作るその八重垣を（ゑ）〟との歌を詠む。この八雲神詠歌が三十一文字の和歌の起源とされている。

八雲神詠とは、『日本書紀』神代巻第八段本文に万葉仮名で記された素戔嗚尊の神詠歌「夜勾茂多菟。伊都毛夜覇餓岐。菟磨語味爾。夜覇餓枳菟倶盧。贈廼夜覇餓岐廻」[2]〝ヤクモタツ　イヅモヤヘガキ　ツマゴメニ　ヤヘガキツクル　ソノヤヘガキヱ（ヲ）〟であり、同様の歌は『古事記』にも記されている。これは大蛇退治を終え、幾重にも雲の沸き立つ出雲国で、素戔嗚尊が奇稲田姫を娶り、八重垣の宮を建て、そこへ妻を迎え入れ、妻とともに安寧に暮らすという簡潔な歌意である。この歌は妻のいる家が陰陽男女をつなぐ安寧の象徴なのだと詠んでいる。素戔嗚尊と奇稲田姫はこの清地で安寧な生活を営み、遘合をし、大己貴神（オホナムチノカミ）を生みなし、いのちを継いだ後、ついに根の国へと赴いていく。

神代巻に記された歌や神々の名前は、漢字を仮名として借用した万葉仮名で記されている。こうした神名や歌は言葉の力に霊が宿るという言霊（ことだま）の信仰に基づき、和語の発音に則って表現され、目で読み、耳で聴き、口で唱えるなど、誦読され継がれている。

『日本書紀』神代巻第八段で、八岐大蛇が意味するものとは、安寧の対極にある荒々しい自然の猛威の表象である。荒天により増水した雨水は山肌を伝って勢いを増し、川に合流する。氾濫した簸の川は河原の砂州に幾筋もの流れをつくり、やがて、その流れは河原を這う大蛇の姿に変貌する。素戔嗚尊が八岐大蛇を退治して奇稲田姫を救うという神話は、大自然の猛威から農地（稲田）を守る闘いの表象でもある。人々は自然の猛威に抗いながら灌漑を施し、開拓を進め、稲田を慈しみ守り続けてきた。こうした努力の積み重ねによって、人々は稲の恵みを受け、安らかな生活のなかで、多くの子孫を儲け、仲間の輪を広げながら、喜びを分かち合う情緒を獲得していく。八岐大蛇の神話は大自然の猛威を受容し忍従しながらも、それと共生し、人間生活の安寧を勝ち取っていく過程の物語なのである。

註

（1）大林太良『日本神話の起源』徳間書店、一九九〇年、参照。
（2）黒板勝美編輯『新訂増補　国史大系　日本書紀　前篇』吉川弘文館、一九六六年、四二頁。

割愛された大己貴神（大穴牟遅神）の成長物語

『古事記』では、須佐之男命（素戔嗚尊）の子孫とされる大穴牟遅神（大己貴神・大国主神・八千矛神）の物語を丁寧に語る。一方、『日本書紀』では、大己貴神の国土経営や国譲り神話には触れるものの、この神が大国主神へと成長していく一連の物語[1]にはまったく触れられない。『日本書紀』編纂者にしてみれば、出雲が大和に統合される国譲り神話ならいざ知らず、敵方出雲の大将の若き日の成長物語など、大和（高天原）側の価値基準に則し省略してしかるべきだったのだろう。

『古事記』によれば、稲羽の素菟（因幡の白兎）は、隠岐から因幡に渡るため、和邇（鮫）を欺き、毛を剥がされて苦しんでいた。さらに、八十神たちにも甚振られ、海水を浴び、症状をさらに悪化させて泣いていた。これを回復させたのが医術に長けた大穴牟遅神である。大穴牟遅神は白兎に体を真水で洗うこと、蒲の穂を敷き詰め患部に花粉を塗布することを教え諭す。これにより、大穴牟遅神は白兎から〝八十神たちは八上比売を得られない〟という予祝を受ける。

白兎のいう通り、伯耆の八上比売は、いい寄る八十神たちを袖にして「吾者不聞汝等之言。将嫁大穴牟遅神」[2]〝吾は汝らの言は聞かじ。大穴牟遅神に嫁はむ〟と放言する。八上比売は八十神たちの言葉など耳に入れず、大穴牟遅神に嫁ぐと明言するのである。

八上比売から侮辱された八十神たちとは大穴牟遅神の兄弟たちである。男の嫉妬は実に恐ろしく、八十神たちの醜悪な眼差しは相乗効果で膨らみ続け、群れをなして大穴牟遅神一点に降り注ぐ。八十神たちは伯耆の手間山の赤猪を捕らえるように大穴牟遅神を脅し、赤猪に見立てた焼け石を山の上から転げ落とす。これを捕えようとした大穴牟遅神は、石に焼きつぶされて殺されてしまう。

御祖神（母神）はこれを嘆き悲しみ、神産巣日命に救いを請う。神産巣日命に遣わされた𧏛貝比売と蛤貝比売は赤貝の削り粉を集め、そこに蛤の母乳汁を絞り合わせ、大穴牟遅神に塗布する。献身的な女神たちの救済によって、大穴牟遅神は蘇生する。母乳汁とは子を育てる母性あるいはいのちの継承の象徴である。

大穴牟遅神の復活を知った八十神たちは、またも大穴牟遅神を山へと誘い出す。そして、切り倒した大木の割れ目に楔を打ち、そこへ大穴牟遅神を挟み込み、楔を外して打ち殺す。二度に亘って騙し討ちを食らうとは情けないような気もするが、争いを避ける大穴牟遅神の姿勢は、後の国譲り神話の伏線になっている。

またも蘇った大穴牟遅神は御祖神の請いもあり、木国（紀伊国）の大屋毘古神のもとへと遣わされる。しかし、八十神たちは執念深く、大穴牟遅神の居場所を突き止め、弓をかけて、大屋毘古神にその身柄の引き渡しを求める。この間に、大穴牟遅神は須佐能男命（須佐之男命）の根の堅州国へと逃れていく。この国でも大穴牟遅神は女神の力によって成長を遂げていく。

大穴牟遅神は須佐之男命の娘須勢理毘売と目が合った瞬間、恋に落ち結ばれる。つまり、二神による目合いである。この後、大穴牟遅神は須佐之男命から無理難題を強いられ、これに耐え抜く姿が描かれていく。はじめに蛇の室、次に呉公と蜂の室に押し込められる。しかし、その都度、須勢理毘売から授けられた領巾を振り、難を逃れる。次に、須佐之男命は野原に鏑矢を射て、大穴牟遅神にその矢を拾いに行かせ、そこに火を放つも、大穴牟遅神は鼠の助言で土を踏み抜き火難を逃れる。

さらに、須佐之男命は大穴牟遅神に頭の虱取りをさせる。しかし、頭皮にいるのは虱ではなく、呉公であった。このときも、須勢理毘売の機転で、大穴牟遅神は椋の実と赤土を口に含み、それを吐き出し、呉公を噛み潰しているように見せかけ、須佐之男命を欺くことができた。これを見た須佐之男命は大穴牟遅神を愛おしく思い、心を許して眠ってしまう。

この隙を見て、大穴牟遅神は須佐之男命の髪を室屋の垂木に結びつけ、生太刀・生弓矢・天詔琴を携え、須勢理毘売とともに根の堅州国からの脱出を試みる。しかし、当初からすべてを察していた須佐之男命は大穴牟遅神がその生太刀・生弓矢で兄弟の八十神たちを追討すること。そして、大穴牟遅神が大国主神あるいは宇都志国玉神を名乗り、須勢理毘売を妻とするように告げる。神話はこの後、大国主神の国つくりへと展開していく。

女神たちの助けを得て、何度も難を逃れ、復活を果たし、宝物と妻を獲得していく大穴牟遅神（大国主神）の成長物語は、困難を乗り越えるたびに、徐々にステージを上げ、大国主神へと成長していくイニシエーション（通過儀礼）であることを窺わせる。

註

（1）稲羽の素兎（因幡の白兎）。八上比売をめぐる八十神からの迫害。八十神による大穴牟遅神の殺害。神産巣日命（神皇産霊尊）の使者𧏛貝比売と蛤貝比売の乳汁による大穴牟遅神の蘇生。母神の忠告による木国への逃亡。大屋毘古神との出会い。大穴牟遅神の根の国訪問。蛇の室と呉公蜂の室。鳴鏑と鼠の助言。須佐之男命の娘須勢理毘売との根の国脱出。大国主神としての八十神追放。須勢理毘売との結婚。身を引く八上比売との別れ。高志国の沼河比売との恋。須勢理毘売の嫉妬など、文学的にも興味深い様々な物語がテンポよく展開していく

（2）黒板勝美編輯『新訂増補　国史大系　古事記　先代旧事本紀　神道五部書』吉川弘文館、一九六六年、二一六頁。

大国主神の性愛と不戦

根の堅州国から無事脱出を果たした大国主神と須勢理毘売は、出雲で夫婦水入らずの日々を過ごすのかと思いきや、まったくそういう展開には至らない。思い返せば、大国主神には八上比売という意中の女神がいたのである。須勢理毘売という糟糠の妻がありながら、大国主神は八上比売のいる伯耆へ出向いて愛し合い、さらに、八上比売を正妻のいる出雲へ呼び寄せて結婚する。

八上比売にしてみれば、八十神たちの求婚を跳ね除け、大国主神（大穴牟遅神）に嫁ぐことを宣言したものの、愛する大国主神は逃走先で別の女神を正妻として迎えてしまう。しかも、それは須佐之男の娘であり気の強い須勢理毘売である。

伯耆では一身に愛情を受けていた八上比売であっても、出雲においては正室の座はなく、それ以下

の存在であることを痛感させられる。結局、八上比売は須勢理毘売を畏れ、生れた子を木の俣に差し挟み、伯耆へ帰ってしまう。ただし、こうした大国主神の行為を罪つくりと思う感想は、あくまで現代から見た視点である。

民法第七三二条「配偶者のある者は、重ねて婚姻をすることができない」に基づき、現代日本の婚姻は、一夫多妻制を違法としている。このため、重婚は犯罪となる。しかし、大国主神の伝承は古代以前の神代の話である。

『魏志倭人伝』には、「其俗国大人皆四五婦下戸或二三婦」[1]〝その俗、国の大人は皆四五婦、下戸もあるいは二三婦〟と記されており、少なくとも三世紀日本の風習では支配層で四、五人。一般層でも二、三人の妻を持つ一夫多妻制社会だったということが分かる。近世に降っても、公家や武家の上流階級では側室制度が継続され、豪商など富裕層においても妾を囲っていた。しかも、明治三（一八七〇）年制定の「新律綱領」では、妾の存在を妻と同等に認めている。要するに、一夫一婦の婚姻制は歴史が浅いのである。

戦乱の絶えぬ世の中にあって、人は戦でいのちを落とす憂き目に曝される。それに加え、共同体の長や国の王たるものは勝敗の結果、その闘争終局のためにいのちを差し出さざるを得ない状況にもあった。いのちの継続それ自体が現在よりももっと不確実であったのだ。当然、そうした日々の現実を憂える王もいただろう。ただし、往時の人々は運命として与えられた今を生きてきた。精一杯に今、このときを生き切って、生きていてこそ情けを交わし、女のなかに男の血統が受け継がせ、その子孫によって、己の伝承が受け継がれると固く信じた男も、それを受け継ごうとした女もいたのである。

仮に、正室（本妻）の嗣子のみならず、落胤も含め数多の子に恵まれていたならば、死後も子孫によって、その王の伝説は語り継がれ、一度は凋落してしまった国や家の復活も夢想できる。後に触れるが、国譲りに際して、自己犠牲を強いた大国主神は苦渋の道を歩みながらも、その生を謳歌した。

『日本書紀』神代巻第九段本文によれば、大己貴神（大国主神）は出雲の神々、そして、民の安寧を守るため、大和との戦を回避し、大和に国を譲る。このときの大己貴神の言葉が「如吾防禦者。国内諸神必当同禦。今我奉避。誰復敢有不順者[2]」である。〝もし吾防御かましかば、国内の諸神、必ずまさに同く御きてむ。今我避り奉らば、誰か復敢へて順はぬ者有らむ〟大己貴神が大和勢力に抵抗すれば、出雲の神々は大己貴神に追従せざるを得ず、国は戦場と化す。大己貴神は不戦の意志を表すことにより、出雲の太平を保ったと考えられるのだ。

これにより、大己貴神は〝百不足八十隈〟に〝隠去〟する。これは大己貴神が遠い場所に隠居あるいは蟄居したとも考えられるが、〝隠れる〟ということに大きな意味がある。〝お隠れになる〟〝神隠れ〟とは貴人の死を意味する。したがって〝隠去〟とは大己貴神の死を暗示する。つまり、戦闘終結の象徴としての敵将の死である。そうであるならば、ここには平和に対する大己貴神の自己犠牲の姿勢を窺うことができる。こうした大国主神（大己貴神）の伝承は本来敵であるはずの大和が編纂した『日本書紀』本文に記載され、長きに亘り語り継がれてきた。何より、大国主神の御霊は大和によって丁重に祀られ、出雲大社の御祭神として現代に至るまで多くの人々に信頼され、敬愛され続けている。

確かに大国主神の最期は物悲しい自己犠牲であった。しかし、不確実な世界にあっても、大国主神がその生を謳歌していたと理解できるなら、この神の魅力がより際立ってくる。そこで、大国主神、須勢理毘売、沼河比売との三角関係を改めて概観してみたい。

八上比売と別れた後も、大国主神は須勢理毘売一筋に生きはしない。八千矛神（大国主神）は越の国に住む美人の誉れ高い沼河比売に求婚する。そして、夜這いのため、遠路を喜々として出かけていく。しかも、恐妻須勢理毘売の悪口を垂れ流しながらである。

八千矛神（ヤチホコカミ）は沼河比売に歌を詠む。

八千矛の　神の命（みこと）の　八島国　妻枕（ま）きかねて　遠遠（とうとう）し　高志（こし）の国に　賢（さか）し女を　有りと聞かして
麗（くは）し女を　有りと聞こして　さ婚（よば）ひに　あり立たし　婚（よば）ひに　あり通（かよ）はせ　太刀が緒も　いまだ
解かずて　襲（おすひ）をも　いまだ解かねば　嬢子（をとめ）の　寝（な）すや板戸を　押（お）そぶらひ　我（わ）が立たせれば　引（ひ）
こづらひ　我（わ）が立たせれば　青山に　鵺（ぬえ）は鳴きぬ　さ野つ鳥　雉（きぎし）はとよむ　庭つ鳥　鶏（かけ）は鳴く
心痛（うれた）くも　鳴くなる鳥か　この鳥も　打ち止めこせね　いしたふや　天馳使（あまはせづかひ）……(3)

この歌の概要は「八千矛神（大国主神）は八島国の日本でまともな妻を娶ることができないでいるよ。遠方の越の国に賢く麗しい女性がいると聞き、求婚しようと通い続け、太刀の緒もまだ解かず、服もまだ脱いでいないうちから、乙女の寝ている家の板戸を押したり引いたり揺すっていると、青山で鵺が鳴いた。野鳥の雉も鳴き叫ぶ。庭鳥の鶏も鳴いて夜明けを告げている。腹立たしくも鳴く鳥どもよ。鳥どもを打ち叩いて鳴くのをやめさせてくれ、空を駆け巡る使いの鳥よ」である。「いしたふや」は「天馳使」の枕詞で意味不詳。

〝英雄色を好む〟というべきか、大国主神は性愛にかなり積極的であった。この歌では開口一番、妻の悪口で盛り上がる。浮気男の常套句のようであり、サラリーマンの愚痴のようでもある。こうしたダメなところに、どことなく親しみ深さを感じてしまう。何よりこの一連の歌は夜這いのはじまり示す記述でもある。

沼河比売は八千矛神へ返歌を詠む。

八千矛の　神の命　ぬえ草の　女にしあれば　我が心　浦渚の鳥ぞ　今こそは　我鳥にあらめ
後は　汝鳥にあらむを　命は　な殺せたまひそ　いしたふや　天馳使……（4）

この歌の概要は「八千矛神よ　私はなよなよした草のような女ですから、私の心は浦渚の水鳥のように夫を求め落ち着きがないのです。今は自ら思うままにしている鳥のようですが、今後はあなたの思いのままの女になるでしょう。ですから、鳥たちのいのちを奪わないでくださいね。どうか殺さないでくださいね。空を駆け巡る使いの鳥よ」である。この歌は手弱女の奥ゆかしさを前面に打ち出したようでいて、むしろ、大胆かつ情熱的でありながら、どこか男に阿諛する狡猾な風がある。
さらに、沼河比売は八千矛神へ返歌を詠む。

青山に　日が隠らば　ぬばたまの　夜は出でなむ　朝日の　笑み栄え来て　栲綱の　白き腕
沫雪の　若やる胸を　素手抱き　手抱き抜がり　真玉手　玉手さし枕き　百長に　寝は寝さむを
あやに　な恋ひ聞こし　八千矛の　神の命……（5）

この歌の概要は「青山の向こうに日が隠れたら、夜には部屋から出てあなたをお迎えします。あなたは朝日のように輝く微笑みを満面に浮かべておいでになり、私の白い腕を、そして、白く柔らかく若々しい胸を素手で抱き、その手で愛撫して、目を合わせ交わり、玉のように美しい私の手を手枕として、ずっと長い間お休みになるのですから、まあそんなに、恋焦がれないでください、八千矛神」である。「ぬばたまの」は夜や黒の枕詞。「栲綱」のは白の枕詞。二首の返歌から窺えるように、前の歌と同様に、沼河比売は受け身のか弱き乙女などではない。それどころか小聡明く八千矛神を誘っている。手弱女にかつ妖艶に、巧みに焦れせて、徐々に盛り上げて、この日の行為はお預けにして、その翌日に結ばれる。

この沼河比売の歌と類似する歌がある。八千矛神も当惑するほど嫉妬深い正妻の須勢理毘売の歌である。

八千矛の　神の命や　吾が大国主　汝こそは　男に坐せば　打ち廻る　島の埼埼　かき廻る　磯の埼落ちず　若草の　妻持たせらめ　吾はもよ　女にしあれば　汝を除て　夫は無し　綾垣のふはやが下に　苧衾　柔やが下に　栲衾　さやぐが下に　沫雪の　若やる胸を　栲綱の　白き腕素手抱き　手抱き抜がり　真玉手　玉手さし枕き　百長に　寝をし寝せ　豊神酒　奉らせ(6)

この歌の概要は「八千矛神よ。私の大国主よ。あなたは男でいらっしゃるので、打ち廻る島の崎々に、打ち廻る磯の埼ごとに、妻をお持ちでいらっしゃるのでしょ。でも私はね、女ですから、あなた以外に男はおりません。ですから、綾織の帳のふわふわの寝具の下で、苧でつくった暖かい寝具の下で、栲でつくったざわざわとした寝具の下で、私の白く柔らかく若々しい胸を、白い腕を素手で抱き、その手で愛撫して、目を合わせ交わり、玉のように美しい私の手を手枕として、ずっと長い間お休みなさい。さあ、おいしいお酒を召し上がってください」である。「若草」は妻の枕詞。それにしても、この歌は〝妻の座〟を顕示する正妻の意気地を強く感じさせる。

持てる男の心意気には容易に共感できないが、なんだかとても煩わしそうである。マメな男とは、こうした合歓綢繆のややこしさをややこしいとは感じずに楽しめることなのだろう。

これらの歌の共通点を地方歌謡の視点から捉えた加藤周一は、『日本文学史序説』で、「地方民謡には、神や、農耕や、村落周辺の自然や風俗があらわれている。しかしそこでも主題の最もしばしば扱われているのは、男女間の感情である。感情は『うたがき』の場合のように、集団的であるとは限らない[7]」と述べ、さらに、「その感情生活の中心、人間関係、殊に男女関係、また殊にその肉体的な性質と直接に感覚的な表現は、そのまま、『記』・『紀』の長歌および短歌に引き継がれている[8]」として、上記の沼河比売と須勢理毘売の歌で重なる部分「栲綱の　白き　腕　沫雪の　若やる胸を　素手抱き　手抱き　抜がり　真玉手　玉手さし枕き　股長に　寝は寝さむを」を挙げ、「抒情詩はまだ私的・個人的な感情の表現ではなく、集団的・一般的な歌謡の世界につながっている。その内容は、女の腕や胸や股を歌って直接に肉感的である[9]」と指摘する。

そして、「来るべき『万葉集』の任務は、形式の上で五・七の長歌を定型化することばかりでなく、内容の上では、抒情詩を私的・個人的な感情の表現とすることであり、「古代歌謡」の鮮明な肉感性の代わりに、そこには添物としてしか登場しなかった「自然」を発見して、それを抒情詩の主要な題材の一つとすることになるはずである[10]」と抒情詩の題材の変化について語っている。詠歌の流行も成長を遂げる生き物なのであろう。

註

（1）石原道博編訳『新訂　魏志倭人伝・後漢書倭伝・宋書倭国伝・隋書倭国伝　中国正史日本伝（1）』岩波書店、一九五一年、一一一頁。
（2）黒板勝美編輯『新訂増補　国史大系　日本書紀　前篇』吉川弘文館、一九六六年、六三、六四頁。
（3）原文は「夜知富許能。迦微能美許登波。夜斯麻久爾。都麻麻岐迦泥弖。登富登富斯。故志能久爾爾。佐加志売遠。阿理登岐加志弖。久波志売遠。阿理登岐許志弖。佐用婆比爾。阿理多多斯。用婆比爾。阿理加用婆勢。多知賀遠母。伊麻陀登加受弖。淤須比遠母。伊麻陀登加泥婆。遠登売能。那須夜伊多斗遠。淤曾夫良比。和何多多勢礼婆。比許豆良比。和何多多勢礼婆。阿遠夜麻爾。奴延波那伎奴。佐怒都登理。岐芸斯波登與牟。爾波都登理。迦祁波那久。宇礼多久母。那久那留登理加。許能登理母。宇知夜米許世泥。伊斯多布夜。阿麻波勢豆加比……」。前掲の『新訂増補　国史大系　第七巻　古事記　先代旧事本紀　神道五部書』二九、三〇頁。

(4) 原文は「夜知富許能。迦微能美許等。奴延久佐能。売邇志阿礼婆。和何許許呂。宇良須能登理叙。伊麻許曾婆。和杼理邇阿良米。能知波。那杼理爾阿良牟遠。伊能知波。那志勢多麻比曾。伊斯多布夜。阿麻波世豆迦比……」同右、『新訂増補　国史大系　第七巻　古事記　先代旧事本紀　神道五部書』三〇頁。

(5) 原文は「阿遠夜麻邇。比賀迦久良婆。奴婆多麻能。用波伊伝那牟。阿佐比能。恵美佐迦延岐弖。多久豆怒能。斯路岐多陀牟岐。阿和由岐能。和加夜流牟泥遠。曾陀多岐。多多岐麻那賀理。麻多麻伝。多麻伝佐斯麻岐。毛毛那賀爾。伊波那佐牟遠。阿夜爾。那古斐岐許志。夜知富許能。迦微能美許登……」同右、『新訂増補　国史大系　第七巻　古事記　先代旧事本紀　神道五部書』三〇、三一頁。

(6) 原文は「夜知富許能。迦微能美許登夜。阿賀淤富久邇奴斯。那許曾波。遠邇伊麻世婆。宇知微流。斯麻能佐岐邪岐。加岐微流。伊蘇能佐岐淤知受。和加久佐能。都麻母多勢良米。阿波母與。売邇斯阿礼婆。那遠岐弖。遠波那志。那遠岐弖。都麻波那斯。阿夜加岐能。布波夜賀斯多爾。牟斯夫須麻。爾古夜賀斯多爾。多久夫須麻。佐夜具賀斯多爾。阿和由岐能。和加夜流牟泥遠。多久豆怒能。斯路岐多陀牟岐。曾陀多多岐。多多岐麻那賀理。麻那麻伝。多麻伝佐斯麻岐。毛毛那賀邇。伊遠斯那世。登與美岐。多弖麻都良世」同右、『新訂増補　国史大系　第七巻　古事記　先代旧事本紀　神道五部書』三一頁。

(7) 加藤周一『日本文学史序説　上』筑摩書房、一九七五年、六四頁。

(8) 同右、『日本文学史序説　上』六四頁。

(9) 同右、『日本文学史序説　上』六五頁。

(10) 同右、『日本文学史序説　上』六五頁。

美麗壮健な大物主神

『日本書紀』神代巻第八段第六の一書によれば、大国主神、大物主神、国作大己貴命、葦原醜男、八千戈神、大国玉神、顕国玉神はすべて同じ神の別名とされている。

さらに、国つくりの途中で相棒の少彦名命が去った後、大己貴神（大国主神）を支えたのが、大己貴神自身の「幸魂奇魂」(1)とされる大物主神（大三輪神）であった。この神は類いまれに見るほど美しく麗しく逞しい男神として描かれている。

『日本書紀』崇神天皇七（紀元前九一）年二月十五日の条によれば、倭迹迹日百襲姫命に憑依した大物主神は、数多の災害を憂慮する崇神天皇に対し、「天皇何憂国之不治也。若能敬祭我者。必当自平矣」(2)〝天皇、いかにぞ国の治まらざるを憂ふるや。もし、よく我を敬ひ祭らば、必ず当自平〟との神語を与える。さらに、大物主神が崇神天皇の夢に現れ、「……若以吾児大田田根子。令祭吾者則立平矣。……」(3)〝……もし、吾が児大田田根子を以て吾を祭らしめたまわば、立ちどころに平ぎなむ……〟と託宣する。崇神天皇は大田田根子を探し出し、その年の十一月〝大物主大神〟を祭る神主とする。ちなみに、この大田田根子の母が活玉依媛である。

『古事記』崇神天皇記によれば、これについてより詳細に記されている。陶津耳命の子、活玉依毘売は〝容姿端正（麗）〟とされている。この活玉依毘売のところに〝形姿威儀時に比無き〟ほどに

〝麗美壮夫（うるわしきおとこ）〟つまり、容貌から身なり、立居振舞に至るまで、類まれにみるほど美しく逞しい男が夜毎に活玉依毘売のもとに現れる。その謎の美男と一緒に住んでいるうちに、活玉依毘売は自然に妊娠したという。

その男の正体を気にした両親は娘に対し、赤土を床に散らし、糸巻きの麻糸に針に通して、それを男の衣の襴（すそ）に刺しておくように教え示す。翌朝、針につけられた麻糸は戸の鍵穴を通り抜け、外へと伸びていた。このため、その先を尋ね行くと、麻糸は美和山（三輪山）の神社で留まっていた。これにより、活玉依毘売は身籠った子が大物主神の子だということを悟ったという。

なお、糸巻きのことを苧環（おだまき）という。相手に糸を括りつけ、それを手繰ってその正体を明らかにするという物語は、全国で数多く見ることができる。これに類する説話（神話伝承）を苧環型という。ちなみに、戸の内側に残っていた麻糸が〝三勾（みわ）〟だったため、この辺りを三輪というようになったとされている。

大物主神が女神を孕ませるという伝承は『日本書紀』にも記されている。しかし、大物主神の子を妊娠する女神やその結末は『古事記』のそれとは大きく異なる。『日本書紀』崇神天皇十（紀元前八八）年九月条によれば、倭迹迹日百襲姫命（ヤマトトトヒモモソヒメノミコト）は大物主神の妻となる。しかし、大物主神は昼ではなく、夜にのみ現れるため、その顔もまともに見たことがなかった。

このため、倭迹迹日百襲姫命は「……。願暫留之。明日仰欲観美麗之威儀[4]」〝……。願はくは暫し（しばし）留（とどま）りたまへ。明旦（あくるあした）、仰（あふ）ぎて美麗（うるは）しき威儀（みすがた）を観まつらむと欲ふ〟と懇願する。「お願い、朝までここにいて、朝、明るくなったら、あなたの美しく麗しい姿、立居振舞を仰ぎ見たいのです」というのである。これに対し、大物主神は「……。言理灼然。吾明旦入汝櫛笥而居。願無驚吾形」(5)〝言理灼然なり。吾、明旦汝が櫛笥に入りて居らむ。願はくは吾が形に、な驚きましそ〟と答える。「明らかにその通りだね。それならば、私は、明日の朝、あなたの櫛笥のなかに入っているよ。でも、お願いだから、私の姿を見て絶対に驚いたりしないでね」と禁忌を示す。明朝、倭迹迹日百襲姫命はその櫛笥を開いてなかを覗き込むと、そこには長さ太さが下紐ほどの「美麗小蛇」(6)が入っていた。これに驚いた倭迹迹日百襲姫命は、約束を反故にして驚き、叫び声を上げてしまう。

大物主神はこれを恥じて、一瞬にして美男の姿に戻り、妻の倭迹迹日百襲姫命に対して、「汝不忍令羞吾。吾還令羞汝」(7)〝汝忍びずして吾に羞せつ。吾還りて汝に羞せむ〟といって、大虚に上って御諸山（三輪山）に帰ってしまう。これを見た倭迹迹日百襲姫命は後悔して、その場にへたり込み、箸が陰部に刺さって死んでしまう。ここにもまた、夫婦別れの原因として、約束を反故にする禁忌破りがあった。

男根の表象であるこの蛇は、夜に類いまれにみる優美壮麗な男性に化身する。しかし、昼の姿は細々とした小蛇である。夜は元気で逞しくいるけれど、日中は脱力して、三輪山で英気を養っていたのであろう。大物主神は昼の姿を見たいと、妻の倭迹迹日百襲姫命に強請まれ、決して驚くなと念を押し、心を開いてその姿を曝したのである。それにもかかわらず、その姿を目にした妻は驚いた挙句に叫び声まで上げてしまう。恥じ入った大物主神は三輪山へ帰ってしまい、二神は夫婦別れとなる。それどころか倭迹迹日百襲姫命は箸が陰(ほと)にささっていのちを落としてしまうのだ。〝汝に令羞(はじみせ)む〟「あなたにも恥をかかせてやる」という呪言は陰部に箸が刺さるという倭迹迹日百襲姫命の最期を暗示するものであろう。

昼間の大物主神の姿を見たとき、倭迹迹日百襲姫命が発した言葉の詳細は『日本書紀』に記されていない。ただし、その姿が〝美麗小蛇(うるわしきこおろち)〟であった旨が記されているため、大方の推論は立てられる。〝なんて美しいの〟や〝なんて麗しいの〟であれば、大物主神が恥じ入る理由はない。このため、〝美〟や〝麗〟という言葉ではない。次に考えられるのは〝なんて小さいの〟の〝小〟である。これが夫婦の間で絶対に発するべきではない言葉。なかんずく、妻から夫に向けられた禁句なのだということが分かる。

さらに、〝なんで小蛇なの〟の〝蛇〟についても、『日本書紀』神代巻第十段に思う当たる節がある。夫婦の立場は逆であるが、〝龍〟と化して出産する姿を覗き見された豊玉姫が、禁忌を破った彦火火出見尊(ヒコホホデミノミコト)と別れ、海宮(わたつみのみや)に帰る神話を彷彿させる。さらに、遡れば、伊弉冉尊の寝姿（屍）を伊弉諾尊が覗き見てしまう禁忌破りもある。蛇であれ、龍であれ、骸であれ、夫であれ妻であれ、見られたくない姿を見られ、恥をかかされたということが夫婦別れの大きな原因になるのである。

大物主神は蛇のみではなく、丹塗矢(にぬりや)にも化身する。この矢も男根の表象である。『古事記』神武天皇記によれば、三嶋湟咋(ミシマノミゾクヒ)の娘勢夜陀陀良比売(セヤタタラヒメ)は容姿麗美とされている。美和（三輪）の大物主神はこの勢夜陀多良比売の美しさに魅了され、勢夜陀多良比売が厠へ入るのを見計らい、丹塗矢に化身して、水流に乗って、下から勢夜陀多良比売の富登(ほと)を突く。勢夜陀多良比売は驚いて、立ち走り、すぐに、その矢を自分の部屋の床の辺に置くと、その矢は忽ち(たちま)に〝麗壮夫(うるわしきおとこ)〟になり、勢夜陀多良比売と結ばれる。こうして生まれたのが富登陀陀良伊須須岐比売命(ホトタタライススギヒメノミコト)である。

ちなみに、富登多多良伊須須岐比売命は富登(ほと)、つまり、陰部という名を嫌い、その名を比売陀陀良(ヒメタタラ)伊須気余理比売(イスケヨリヒメ)と改めた。富登とは子を生むために意味のある大切な名前である。とはいえ、女神にとってこうした名前は憚られたのだろう。『日本書紀』では、この女神を姫蹈韛五十鈴姫命(ヒメタタライスズヒメノミコト)と表記する。『日本書紀』神代巻第八段第六の一書によれば、この姫蹈韛五十鈴姫命は事代主神が〝八尋熊鰐(やひろのわに)〟に化身して三島溝橛姫(ミシマノミゾクイヒメ)あるいは玉櫛姫(タマクシヒメ)のもとに通い生みなされた女神である。姫蹈韛五十鈴姫命は後に、神日本磐余彦火火出見天皇(カムヤマトイワレヒコホホデミノスメラミコト)の后、つまり、神武天皇の皇后となり、綏靖天皇の生母となる。

大物主神の伝承の舞台となった奈良県桜井市三輪の大神(おおみわ)神社（三輪明神）は、本殿に類する社殿を持たず、拝殿の奥にある鳥居から先、つまり、大物主神の鎮座する三輪山（御諸山、美和山、三諸岳）そのものを本殿と見なしている。三輪山は松、杉、檜の大木で覆われ、なかでも三輪の杉は神木として崇められてきた。拝殿の手前脇にある杉の大木は、今でも大物主神が化身した蛇神が宿る〝巳の神杉〟として信じられ、蛇神の好物とされる卵や酒が供えられている。なお、大物主神が酒づくりの神だということもあり、酒造（造り酒屋）の軒先に吊るされて新酒の完成を告げる杉玉は、この三輪の杉が発祥とされている。

『万葉集』には、丹波大女娘子（たにはのおほめをとめ）の歌が〝味酒（うまさけ）を　三輪の祝（はふり）が　忌（いは）ふ杉　手触（たふ）れし罪か　君に逢ひ難（かた）き（『万葉集』巻四・七一二）〟と詠まれている。この歌は「三輪の神主が大切に祀っている杉の木に手で触れてしまった罪でしょうか、あなたに逢い難くなってしまったわ」という恋の行方を憂える歌である。万葉の女流歌人、丹波大女娘子（たにはのおほめをとめ）は男に逢えない理由を、神木に触れた神罰だとして、性愛の情動を慰めている。

註

（1）黒板勝美編輯『新訂増補　国史大系　日本書紀　前篇』吉川弘文館、一九六六年、八四頁。幸魂奇魂については、徳橋達典『日本書紀の祈り　多様性と寛容』ぺりかん社、二〇一八年、一八三、一八四頁参照。
（2）同右、『新訂増補　国史大系　日本書紀　前篇』一五九、一六〇頁。
（3）同右、『新訂増補　国史大系　日本書紀　前篇』一六〇頁。
（4）同右、『新訂増補　国史大系　日本書紀　前篇』一六六頁。
（5）同右、『新訂増補　国史大系　日本書紀　前篇』一六六頁。
（6）同右、『新訂増補　国史大系　日本書紀　前篇』一六六頁。
（7）同右、『新訂増補　国史大系　日本書紀　前篇』一六六頁。

万葉の女流歌人

『万葉集』の時代は多くの女流歌人が活躍した。これについて加藤周一は「女流作家が消えていったのは、十三世紀以来の武家支配階級の倫理、殊に儒教イデオロギーを借りて強化された男女差別の徹底(1)」だったと述べている。さらに、男性らしさを象徴する言葉として賀茂真淵が指摘した『万葉集』の「ますらをぶり」について、「日本にはまず『たをやめぶり』があって、その後外国文化の影響のもとで『ますらをぶり』がつくりあげられたのである（真淵は、平安朝以来の歌の伝統のなかで暮らしていたから、平安朝宮廷社会との対照に注意を奪われて、『万葉』の『ますらをぶり』を語った。実は平安期の「たをやめぶり」が、奈良朝ではまだそれほど徹底していなかったということにすぎない。……）(2)」と指摘し、さらに、『万葉集』について、「恋の歌集であり、恋の歌に女流作家は、その才能を発揮してあますところがなかった(3)」と述べている。

大伴坂上郎女は『万葉集』の編纂に関わった大伴家持の叔母であり、女性の心情を詠むことに長けた女流歌人とされる。〝来むといふも　来ぬ時あるを　来じといふを　来むとは待たじ　来じといふものを（『万葉集』巻四、五二七）〟これは待つ身の女心を詠んだ歌である。「来られるといっていたのに来ない時もあるので、来られないといっても来てくれるのではないかと期待したりはしないわよ。来ないといっているのだから（でもあなたを待ってしまう。ああくやしい）」と、大伴坂上郎女は藤原麿の来訪をひたすらに待ち続ける。これは通い来る男主導の恋愛に対して、待つ身の女が虚勢を張りながらも、捨てきれぬ男への思いを健気に詠む歌である。

恋多き女の悩みは限りない。〝吾(あれ)のみぞ　君には恋ふる　吾背子(わがせこ)が　恋ふとふことは　言(こと)の慰(なぐさ)ぞ（『万葉集』巻四、六五六）〟「私だけが一方的にあなたを恋しいと思うだけ。あなたは好きといってくれるけど、そんなのただの慰めなのよ」。これも男の口先に弄ばれる女の独り相撲を女自身の目で自嘲的に詠んだ歌であろう。続いて〝思はじと　言(い)ひてしものを　唐棣(はねず)花色の　変(うつろ)ひやすき　わが心かも（『万葉集』巻四、六五七）〟「人を好きになるなんて、恋なんてもうやめようといってはみたけれど、唐棣(はねず)の花の色のように移ろいやすい私の心。やっぱり恋が止まらない」である。この歌は恋多き女の移ろいやすい情緒の不安ですら、現実生活の葛藤のなかで、この先に見え隠れする恋の幸せや生き甲斐を漂わさせている。

大伴坂上郎女の表現は次第に激しく具体的になっていく。〝汝(な)をと吾(あ)を　人ぞ離(さ)くなる　いで吾が君　人の中言(なかごと)　聞きたつなゆめ（『万葉集』巻四、六六〇）〟「あなたと私を引き離そうとする人がいるらしいの。ねえ、あなた、人の中傷など決して鵜呑みにしたりしないでね」。恋する女の悩みは当事者である男女のやり取りに止まらず、周りを巻き込みながら展開していたらしい。人の恋路を邪魔する奴はいつの時代もいる。この状況が事実であれ、妄想であれ、好いた男に対する女の激しい渇求や不安が伝わってくる。

〝恋ひ恋ひて　逢(あ)へる時だに　愛(うつく)しき　言尽(ことつく)してよ　長くと思(おも)はば（『万葉集』巻四、六六一）〟「恋焦がれているのよ。だから、せめて逢えたときくらい、優しい言葉を尽くしてよ。長く愛してくれるつもりなら」。こうした気持ちは色恋の話に止まらない。ずっと寄り添って尽くしてきた連れ合いや仲間に対する思いやり、あるいは労いの言葉くらいかけろというのも同じ、長くつき合っていくのであれば、互いの承認欲求に真摯に向き合う姿勢も必要になる。こうした連れ合いを愛おしく思うのか、鬱陶しく思うのかは互いの経験値や器量によっても、思いの深さによっても千差万別である。

笠郎女が大伴家持に贈った相聞歌とは〝伊勢の海の　磯もとどろに　寄する波　恐き人に　恋ひわたるかも（『万葉集』巻四、六〇〇）〟「伊勢の海の磯にとどろき寄せる波のように、畏敬する人に恋し続けています」である。この荒波は恋する大伴家持に向けられた笠郎女の激情である。〝わがいのちの　全けむかぎり　忘れめや　いや日に異には　思ひ益すとも（巻四、五九五）〟「私のいのちがある限り、忘れることなどないでしょう。日に日に思いは増すことはあっても」。この相聞は逢うこともままならない家持への恋を死後も抱き続けるという類ではなく、あくまで現生における極限の片思いを詠む歌である。

狭野弟上娘子が、越前国に流罪になる夫、中臣朝臣宅守への思いをしたためた贈答歌〝君が行く道の長路を　繰り畳ね　焼き亡ぼさむ　天の火もがも（『万葉集』巻十五、三七二四）〟「あなたが行く長い道のりを手繰り寄せて、焼き滅ぼしてくれる天の火があったらいいのに」。これは夫の流罪により夫婦が離れ離れになっていく激情を詠んだ歌である。ここには男を奪った社会の不条理に対する女の怨みが窺える。さらに、狭野弟上娘子は〝魂は　あしたゆうべに　魂ふれど　吾が胸痛し　恋の繁きに（『万葉集』巻十五、三七六七）〟「私の魂は朝夕いつもあなたの愛情を賜り通じ合っているけれど、私はあなたに逢えず切なくて胸が苦しく、恋しさがつのるばかりです」。との歌を詠み、夫に逢えないでいる苦しみを訴えている。そして、〝我が背子が　帰り来まさむ　ときのため　いのち残さむ忘れたまふな（『万葉集』巻十五、三七七四）〟「愛しい私のあなたが帰ってくる日のために、いのちを残して生きて待っているので、私のことをどうか忘れないでください」と、夫との再会を生きる望みとしている。このように万葉の時代を生きた女性たちは実に率直に情念を滾らせて、恋愛対象を語り、性愛に生きた姿を窺わせてくれる。

加藤周一は『万葉集』の女流歌人について「多くは花鳥風月に思いを託する。しかし奈良朝の貴族の女は、その激しい情熱を、そのまま直接に表現することも知っていたのである[4]」という。さらに、奈良朝の貴族社会の恋の歌の特色について、「恋心と自然の風物に敏感」「微妙な心理的曲折を尽くし」「恋情の激しさを直接に歌い上げ」るものとして、「単に感覚的・肉体的な世界ではなく、微妙な心の世界」と指摘する。しかし、それは「『もの思う』心の状態ではなく、『君を恋ふ』心の明白に特定の対象に向けられた行動的で情熱的な世界[5]」であることを説いた。

寛平六（八九四）年の遣唐使廃止以降、日本文化はその独自性に磨きをかけた。ただし、それが幸せなことであったかどうかは別である。加藤は「鎖国時代の宮廷文学の特徴は、伝統の固定と文学活動の制度化である[6]」という。延喜五（九〇五）年に奏上された最初の勅撰和歌集『古今和歌集』成立の背後事情には〝歌合（うたあわせ）〟の流行があった。歌合せとは、歌人を二組に分け、歌の優劣を競わせた遊びである。これにより、その優劣を判定する客観的基準が重視されるようになり、それが歌論へと発達していった。その反面、肥大化した歌論の進展は歌の表現を制度のように硬直化・固定化させたという負の側面も持っていた。

『拾遺和歌集』巻一、壬生忠峯の歌〝春立つと　いふばかりにや　み吉野の　山もかすみて　けさは見ゆらん〟そして、『古今和歌集』巻九、よみ人知らずの歌〝ほのぼのと　明石のうらの　朝霧に嶋がくれ行く　舟をしぞ思ふ〟これらについて加藤は、「場所は『吉野の山』か『明石のうら』でなければならないし、風景は『かすみ』か『霧』のなかに『ほのぼの』としていなければならない。この紋切り型こそは、貴族文化の理想であった。彼らの抒情詩に、太平洋の怒濤に洗われ山岳重畳する極東の島国の『自然』は描かれるはずはなかった。恋さえも彼らの歌の圧倒的多数においては、『ほのぼの』とした気分であって、もはや古代歌謡の性的欲求や『万葉集』の情熱の表現ではなくなった」[7]と指摘している。

しかし、その例外として、十一世紀の『後拾遺和歌集』で活躍した和泉式部、相模、赤染衛門、伊勢など女流歌人について、「切迫した感情と正確で無駄のない表現」「詩人の強い個性と時代を超えて人に訴える女心」「男女関係の微妙な心理」[8]を詠っていると評価した。

ちなみに、『後拾遺和歌集』に残された和泉式部の歌〝黒髪の　乱れも知らず　うちふせば　まづかきやりし　人ぞ恋しき（七七五）〟は、「情事におぼれた後、髪を乱したまま床にうちふせていると、その時に優しく髪をかき上げてくれたあの人がもう恋しくなる」と詠んでいる。さらに、〝あらざら

む　この世のほかの　思ひ出に　いま一たびの　あふこともがな（七六三）〃は、「私のいのちは間もなく尽きてしまうでしょう。どうかせめて、あの世への思い出として、もう一度だけ、あの人にお逢いしたいものです」という意味である。

　こうした女流歌人は時代の折々に登場していたはずである。しかし、古代の万葉集以降、女性の性愛に対する大らかで人間味溢れる歌は儒教的価値の普及や歌論による表現の固定により、徐々に姿を消し、いつしか、貞操観念の強い貞淑な女性が日本の伝統的理想の女性像になっていく。

　明治生まれの与謝野晶子が歌集『みだれ髪』で見せた艶麗大胆な歌風は、積極的な人間性の賛美を呼び覚ました。〃柔肌の　あつき血汐に　ふれも見で　さびしからずや　道を説く君〃「熱い血潮が流れる女の柔肌に触れてみもせず、寂しくないの、道を説く君」。これは女から男へ本質を問う歌である。その問いの先には性愛をめぐる男女の駆け引きが見え隠れする。つまり、この歌は女の方から、道理（理性）の奥に潜んでいる抑えきれない性愛（本能）についての積極的な問いかけである。

　こうした男女の駆け引きには粋なもの、洒落たもの、爽やかなもの、官能的なもの、興ざめしたもの、義務や演技に満ちたもの、哲学的に難解なものなど、多様に表現されてきた。下世話に解釈すれば〃肉感的な女を目の前にして、手も出せないでいる屁理屈こきの寂しい君〃と女が男を挑発するような理解も成り立つ。さらに踏み込んでいえば、女の方から〃据え膳食わぬは男の恥〃というところまで拡大して解釈することさえできる。

　その逆に、性愛など取り払って、理性と本能との間で漂う人の心のゆらぎを詠んだ歌だと典雅に理解することもできる。しかし、この歌の価値は、当時の歌壇の価値基準に反して、口にするのも憚られる性愛を、女性の口から烈々と詠み切ったというところにある。ここにこうした体がないならば、この歌の魅力も勢いも薄れてしまうだろう。

　性愛を詠む官能的扇情的な歌や解釈を憂い忌避する姿勢には、儒教の呪縛やキリスト教倫理の影響だろうと短絡的に結びつけることもできる。ただし、一口に現代日本文化といっても、その思想的背景には道教・儒教・仏教あるいはキリスト教思想に至るまで、数多の素材が多重多層に絡み合い、原典から離れ、個々に変容しながら、収斂や分化を繰り返している。既存宗教のイメージをもって、個別な出来事を無理に峻別し、特定宗教の特質を抽出することはもはや困難である。漢文で書かれた『日本書紀』のなかにさえ、漢籍を真似しきれずに、個性として独自化していった表現があるのと同様に、『日本書紀』のなかには、拭い去ることのできない漢籍の思想も脈々と流れている。

　前述のように『日本書紀』神代巻第四段本文では、伊弉諾尊が国生みの障害として、女性の積極性を咎め建てする一節がある。伊弉冉尊は国生みの遘合（みとのまぐわい）に際して、伊弉諾尊より先に言葉を発してしまう。これに対して伊弉諾尊は「私は男だ。理としては男が先に唱えるべきだ。どうして、女が先に言葉を唱えた。これは不祥なことだ。改めて回り直そう」と不快感を露（あらわ）にする。与謝野の歌は伊弉諾尊の言葉あるいはその後に続く日本の風習に対するアンチテーゼだったのかもしれない。

註

（1）加藤周一『日本文学史序説　上』筑摩書房、一九七五年、七二頁。
（2）同右、『日本文学史序説　上』七二、七三頁。
（3）同右、『日本文学史序説　上』七三頁。
（4）同右、『日本文学史序説　上』七四頁。
（5）同右、『日本文学史序説　上』七四頁。
（6）同右、『日本文学史序説　上』一四八頁。
（7）同右、『日本文学史序説　上』一四八、一四九頁。
（8）同右、『日本文学史序説　上』一四九頁。

第四章　性愛と現代の問題Ⅱ

猿田彦神の眼力と鼻

出雲の国譲りが整った後、天上の高皇産霊尊は瓊瓊杵尊を葦原中国へと降臨させる。瓊瓊杵尊は天児屋命、太玉命、天鈿女命、石凝姥命、玉屋命の五部神を引き連れて、天の磐座を離れ、天の八重雲を押し分けて、もの凄い勢いで日向の襲の高千穂の峰に舞い降りる。これが『日本書紀』神代巻第九段本文に記された天孫降臨である。

第九段第一の一書によれば、猿田彦神は道の分岐点となる天の八街で、降臨した瓊瓊杵尊一行を出迎え、筑紫の日向の高千穂の槵触峯へと先導する。この一書には、奇妙な光景が記されている。「天鈿女乃露其胸乳。抑裳帯於臍下。而笑噱向立」(1)〝天鈿女、すなわちその胸乳を露わにし、裳帯を臍の下に抑れて、笑噱ひて向きて立つ〟というのである。天鈿女命は天孫を出迎える猿田彦神に向かって、いきなり、その胸乳を露わにし、裳帯をへその下まで深く押し垂らせて、陰をチラチラ見せながら、あざ笑うように対峙する。

かって天石窟（あまのいはや）で見せた天鈿女命の舞は、滑稽さを含みながらも肉感的で妖艶な妙技とされている。一方、天の八街での天鈿女命の行為はエロティックというより突飛に過ぎる。この場面では、随伴の神々ですら笑いに誘われることはない。猿田彦神も「天鈿女汝為之何故耶」(2)〝天鈿女よ汝（いまし）かくすることは何のゆえぞや〟と面食らっている。確かに、いかに美しい女神が裸体を露にしようと、天孫を迎える厳かな状況においては〝嗚呼、美しい〟と感嘆する以前に〝あなた、何をやっているの？〟と引いてしまうのが大方だろう。

猿田彦神は皇孫を高千穂に導いた後、今度は天鈿女命によって、伊勢の狭長田（さなだ）の五十鈴（いすず）川上まで導かれる。猿田彦の猿に因んで、天鈿女命は皇孫から猿女（さるめ）姓を賜る。こうした縁により、猿田彦神と天鈿女命の二神が夫婦になったという俗信も加わり、これが子孫繁栄の道祖神信仰に結びついていく。天鈿女命が見せた謎の行動は、国津神の猿田彦神に対する天津神の威嚇のようでもある。その一方で、猿田彦神と天鈿女命はともにもの凄い眼力を持っていたという。つまり、二神は激しい眼差しで、互いの目と目を交わし、愛情を確かめ合うような目合（まぐわ）いをしていたのである。こうした解釈が二神と子孫繁栄とを結びつけたのであろう。猿田彦神もまた性の神として崇められる側面を持っているのである。

現代でも、祭礼の行列を先導する猿田彦神役の参列者が天狗面を被った様を見かけることがある。『日本書紀』によれば、猿田彦神の鼻の長さは七咫（約一、二メートル）もあり、背丈は七尺（約二、一二一二…メートル）、あるいは七尋（約一二、六メートル）もある。その口尻は明るく光り、目は八咫鏡のように赤く照り輝いていたという。俗言(3)によると、鼻の大きさは男根のそれに比例するという。天鈿女命の肉感に迫る行為や、猿田彦神の鼻（男根）の長さに肖（あやか）って、豊饒や子孫繁栄を祈願する信仰を醸成していった。

猿のサはサヲトメ（早乙女・五月女）・サツキ（皐月・五月・早月）・サナヘ（早苗）のサと同様に、神に捧げる稲を意味する。猿のルはヒルメ（日の女、日孁）、ヒルコ（日の子）のルと同じく、助詞のノ。また、ノはタナゴコロ（掌）・マナコ（眼）のナと同じ意味を持つ。田のタは田そのもの。したがって、猿田彦神はサナダと同様に神に捧げる稲田の神を意味し、豊饒を導く神として信仰されている。こうした豊饒もまた子孫繁栄と結びつく。猿田彦神は道祖神（サエノカミ）のみならず、道の分岐点で邪神の侵入を防ぐ衢神（チマタノカミ）、岐神（フナトノカミ）、とも結びつけられ、さらに、サル（猿＝申）つながりで、庚申信仰とも深く関わりを持つようになる。

十七世紀の垂加神道家山崎闇斎は天照大神とともに猿田彦神を強く信仰した。その門人玉木正英が編纂した『玉籤集』には、闇斎の言葉が「道は則ち大日孁貴の道にして、教は則ち猿田彦神の教也」(4)と記されている。闇斎は猿田彦神が天の八街で皇孫を出迎え先導したという伝承に基づき、この神を導きの神として尊重した。これにより、この神はよい土地に導く神として現代の不動産業者からの信頼も篤い。

註

（1）黒板勝美編輯『新訂増補　国史大系　日本書紀　前篇』吉川弘文館、一九六六年、七〇頁。

（2）同右、『新訂増補　国史大系　日本書紀　前篇』七〇頁。

（3）『世界大百科事典　第二版』平凡社、二〇〇五年、「鼻」には、「……人相学は鼻頭を〈準（せつ）〉といい、準に異常を見れば男性性器の病があるとしたり、鼻全体の形状から陰茎を推し量ったりする。これは西欧でも同じで、古来、鼻は陰茎のコピーと見なされてきた。……」と記されている。これらは医学的背景とは無関係であろうが、一説には〝鼻〟そのものではなく〝鼻の下の長さ〟だと限定する向きもある

（4）佐伯有義校訂『大日本文庫　神道篇　垂加神道　上巻』春陽堂、一九三五年、四四三頁。

木花開耶姫と無常の美

『日本書紀』神代巻第九段本文によれば、葦原中国に降臨した瓊瓊杵尊は鹿葦津姫と結婚する。この女神は神吾田津姫、木花開耶姫という別名を持ち、彦火火出見尊を生みなす母神でもある。

『日本書紀』神代巻第九段第二、第五、第六、第八の一書、そして、『古事記』によれば、この女神（木花之佐久夜毘売命、鹿葦津姫）の父神は山神の大山祇神とされる。これに対して『日本書紀』第九段本文では「妾是天神娶大山祇神。所生児也」[1]と、大山祇神が女神であるかのように記されている。この文章を〝妾は是、天神が大山祇神を娶きて、生ましめたる児なり〟と読めば、木花開耶姫が大山祇神の娘であることは明白である。ただし、〝娶〟という動詞が嫁をもらうという意であるため、こ

の動詞を挟んで対峙する天神と大山祇神との関係性は、天神が大山祇神を嫁にもらって木花開耶姫を生むという設定になる。つまり、大山祇神は木花開耶姫を生む母神ということになる。

仮に〝娶〟したのは大山祇神の娘と解釈して、〝妾は是、天神が大山祇神の娘を娶きて、生ましめたる児なり〟と意味を補うと、大山祇神は男神になるのだが、木花開耶姫は大山祇神の娘ではなく、孫になってしまう。

あるいは、娘を嫁がせるという意味を〝娶〟に持たせるならば、〝妾は是、天神が（の）娘を大山祇神に嫁がせて、生ましめたる児なり〟と解釈することができる。これにより、木花開耶姫は山の男神である大山祇神の娘になる。しかし、ここまで行くと曲学阿世。こうした解釈では強弁の誹りは免れない。つまり、『日本書紀』本文によれば、大山祇神は男神ではなく女神だということになる。

『日本書紀』は本文を基準とし、その本文に加え異伝としての一書を列記している。前述のように、『古事記』や『日本書紀』本文以外の一書には、木花開耶姫は大山祇神を父神とすることが明記されている。意外なことは、『日本書紀』本文の記述が大山祇神を女神と解釈させるような異伝的展開を見せていることである。これは本文と一書の価値基準が交錯する『日本書紀』の多様性を示す一例として興味深い。

木花開耶姫が炎に包まれ彦火火出見尊を出産することや、富士浅間信仰の中心となる浅間神社の祭神として信仰されていることを考慮して、木花開耶姫は美しい火山を象徴する富士山の神格化と考えられている。高嶺に雪を頂いた壮麗な富士の風情に多くの人々は魅了されてきた。雪を頂く山肌に夕日を浴びたとき、富士山は淡い桜色に染まることもある。

『万葉集』には、霊峰富士の英姿を伝えた名歌がある。山部赤人の〝天地（あめつち）の　分（わか）れし時ゆ　神（かむ）さびて　高く貴き　駿河なる　布士（ふじ）の高嶺を　天の原　ふり放（さ）け見れば　渡る日の　影も隠（かく）らひ　照る月の　光も見えず　白雲も　い行きはばかり　時じくぞ　雪は降りける　語り継ぎ　言ひ継ぎ行かむ　不尽（じ）の高嶺は（『万葉集』巻三　三一七）〟と、短歌の〝田児（たご）の浦ゆ　うち出でて見れば　真白にぞ　不尽の高嶺に　雪はふりける（『万葉集』巻三　三一八）〟は千年以上もの間、富士山の優美を詠み継いできた。

しかし、富士山の姿は花と同じく永遠の象徴ではない。この容貌は四季によって移り変わる。人は限りある儚い美の盛りを愛おしむ。こうした無常の美を特化するならば、富士山の美は激しくも儚く咲き誇る桜花を象徴する木花開耶姫に通じている。

木花開耶姫と姉の磐長姫（イハナガヒメ）は健やかで美しい一蓮托生の姉妹であった。しかし、その別離が人間の寿命（死）の起源に深く関わってくる。姉の磐長姫は磐のように強く永遠の不変性を象徴し、妹の木花開耶姫は花のように美しく儚い無常の美を象徴する。木花開耶姫と瓊瓊杵尊が結婚したとき、父の大山祇神は姉の磐長姫も一緒に嫁がせた。しかし、瓊瓊杵尊は美しい木花開耶姫のみを寵愛し、健やかながら醜い磐長姫を退け、大山祇神の元に返してしまう。

瓊瓊杵尊は永遠の不変ではなく無常の美を取る。〝蓼食う虫も好き好き〟とあるように、何をもって美女とし、何をもって醜女とするかは、個々人の好悪であり、美醜に境界線はない。具体性の伴わない個別個人の好悪こそが強かに働いて、個々が想うところの美女に魅かれていくのが人の性である。〝美人は三日で飽きる。ブスは三日で慣れる〟などという俗言は好みの異なる個々の移り気な主観のなせる業であり、そこに客観的基準はない。

また、人の内面と外見を比較して、その関連を云々する向きもあるが、内面と外見は反比例するものでも比例するものでもない。瓊瓊杵尊にとって、愛しいと感じられたのは木花開耶姫だっただけのことである。それどころか、大山祇神に義理立てし、愛してもいない磐長姫を無理やり引き留めて、店晒しに放置するより、よほど優しいようにさえ思える。醜いと断ぜられ忌避された磐長姫の怒りには共感できる。しかし、瓊瓊杵尊は呪いの言葉に頼る磐長姫の心の闇を醜さとして断じていたのかもしれない。

磐長姫は、「仮使天孫。不斥妾而御者。生児永寿有如磐石之常存今既不然。唯弟独見御。故其生児。必如木花之。移落[2]」〝たとひ天孫（あめみま）、妾を斥（しりぞ）けたまはずして御（め）さましかば、生めらむ児（みこ）は寿（みいのち）永くして、磐石（ときはかきは）の如く有るに常存（とこはにまたか）らまし。今すでに然らずして、唯弟（ただいろど）をのみ独りめせり。故、其の生むらむ児は、必ず木（この）の花の如くに、移落（ちりお）ちなむ〟と恨み歎く。磐長姫は磐と花とを対比して、儚い人の寿命を呪言する。さらに「顕見蒼生者。如木花之。俄遷転当衰去矣[3]」〝うつしきあおひとくさは、木の花の如くにしばらくにうつろひておとろへなむ〟と人のいのちを儚く短命に導く呪言を唱える。激しく辱めを受けた磐長姫の怒りと悲しみは、人の寿命をも削り取っていく。まさに〝悪女の深情け〟である。このように、磐長姫は醜女であったからといって、心根の優しい女神であった訳でもない。

『古事記』の相当場面では、「故是以至于今。天皇命等之御命不長也」[4]〝故れこれをもつて今に至るまで、天皇命等（すめらみことたち）の御命（みいのち）長くまさざるなり〞と記されている。『古事記』によれば、短命の呪言をするのは石長比売（磐長姫）ではなく、父神の大山津見神（大山祇神）とされており、その呪言の対象は人々の寿命ではなく、天皇の寿命に的を絞っている。娘を辱められた親の怒りも深い。

木花開耶姫の花と磐長姫の磐との関係は人間の寿命（死）の起源を語るバナナ型神話の類型に属する。バナナは花や肉あるいは肉体に置き換えることができる。石は岩や骨などに置き換えることができる。神によって人は石かバナナかの選択を迫られる。そこで人間はおいしいバナナを選ぶ。バナナは毎年いのちを継いで、森に恵みを与えてくれる。ただし、石それ自体が不変の象徴であるのに反して、バナナ自体は永遠の象徴ではない。個々のバナナは必ず朽ち腐っていく。こうして、バナナを選んだ人間は永遠のいのちを失うことになる。

イギリス（スコットランド）の人類学者ジェームズ・フレイザーによって命名されたバナナ型神話は、インドネシア・スラウェシ島はじめ、東南アジアやニューギニアを中心に各地で伝えられている。これ以外にも、宮古島や台湾の神話、ギリシャの神話、聖書の創世記、果てはギルガメッシュ叙事詩からも、バナナ型神話の類型の特徴を見ることができる。こうした神話の類型は、日本の神話の素材が日本古来の諸伝承や漢籍のみによって成り立っているのではなく、広い地域から伝来した多様多層な神話の複合であることを物語っている。

註

（1）黒板勝美編輯『新訂増補　国史大系　日本書紀　前篇』吉川弘文館、一九六六年、六五頁。
（2）同右、『新訂増補　国史大系　日本書紀　前篇』七六頁。
（3）同右、『新訂増補　国史大系　日本書紀　前篇』七六頁。
（4）黒板勝美編輯『新訂増補　国史大系　古事記　先代旧事本紀　神道五部書』吉川弘文館、一九六六年、四六頁。

一夜妊娠の疑念と彦火火出見尊の誕生

磐長姫を退け、木花開耶姫一筋に的を絞った瓊瓊杵尊であったが、すぐに木花開耶姫との軋轢を生じさせる。『日本書紀』神代巻第九段本文によれば、瓊瓊杵尊と鹿葦津姫（木花開耶姫）は結ばれた後、一夜にして妊娠する。しかし、瓊瓊杵尊はこの一夜の妊娠に疑念を抱き、「雖復天神何能一夜之間令人有娠乎。汝所懐者必非我子歟(1)」〝復天神と雖も何ぞ能く一夜の間に人をして有娠ませむや。汝が所懐めるは必ず我子に非じ〟と異を唱えてしまう。つまり、瓊瓊杵尊は〝いくら天神であろうと一夜にして妊娠などできようはずもない。あなたが懐胎しているのは我子ではない〟と放言するのである。

これに対し鹿葦津姫は「若非天孫之胤必当焦滅。如実天孫之胤火不能害(2)」〝もし天孫の胤にあらずんば、必ずまさに焦け滅びん。もし実に天孫之胤ならば、火も害ふこと能わず〟と怒り嘆く。つまり、生まれる御子が天孫の胤でなければ焼け滅び、天孫の胤であれば火で損なわれないと誓約して、出入口のない室をつくり、その産室に火をつけて出産に臨む。その結果、鹿葦津姫は無事に彦火火出見尊ら三神を生みなし、その子らが瓊瓊杵尊の御子である証を立てる。

妻の妊娠に疑念を抱き、それを口にしてしまった瞬間、互いの信頼関係は崩れてしまう。異性との不適切な関係を疑われた妻の憤怒はいかばかりか。現代ではDNA検査というものがある。だからといって、妻の不倫を疑う夫の疑念がなくなるものでもない。子どもの本当の父親は母親にしか分からず、これに依存する血の継承は夫婦個々人ではなく家の問題にも深く関わってくる。こうした男性の憂慮は女性に対する束縛に至っていく。

バートランド・ラッセルは「性道徳の第一の動機は、家父長制家族の成立に欠くことができない程度に、女性の貞操を確保することであった。だれが父親かということには、確実性がないからだ[3]」という。また、家父長制社会で男性の嫉妬が極端に強くなる理由を「偽物の子孫が作り出されることに対する不安[4]」なのだと指摘する。こうして、家系や血統が強く意識されると、女性は自らが属する社会から貞操を強いられるようになる。

ラッセルによれば、嫡出ではない子どもの推定上の父親は「だまされて、自分と生物学的な関係がまるでない子どもを気前よく世話するはめになる。ゆえに、父性の発見は、女性の貞操を確保する唯一の手段として、女性の隷属を生み出したのである——その隷属は、初めは肉体的、次は精神的なもので、ヴィクトリア朝で頂点に達した[5]」という。さらに、ラッセルは「女性を隷属させたため、大部分の文明社会では、夫と妻との間に真の交わりが存在したためしはなかった。夫婦の関係は、一方では目下の者に恩を着せるような態度、他方では義務感といった関係である」[6]とまで述べている。

　イギリス人であるラッセルは十九世紀産業革命期のヴィクトリア朝を女性の隷属の頂点としている。この王朝がヴィクトリア女王の時代だというのも皮肉な話である。ただし、古今東西で遍(あまね)く見られる家父長制の頂点を、どこに設定できるのかは、地域差もあり明確に語ることはできない。女性の隷属は現代社会においても世界中で問題視されている。たとえ女性を守り慮ることが前提にあろうとも、お為ごかしで縛りつけるパターナリズムと、男女の固定的役割分担に因われないジェンダーフリーの時代とが、どのように折り合いをつけていくのかも興味深い。

　瓊瓊杵尊は葦原中国に降臨した日本神話の英傑である。しかし、その英傑が妻の妊娠に際して、喜ぶでもなく、開口一番、一夜で妊娠した子など自分の子ではないと放言する。確かに、件の理由で妻の一夜妊娠に不安があった旨は理解できる。ただし、こうした憂慮を屈託のない正直として称えるのも憚られる。神の子ならばいざ知らず、人の子であれば、生れくるその子の存在は尊重されなければならない。

註

（1）黒板勝美編輯『新訂増補　国史大系　日本書紀　前篇』吉川弘文館、一九六六年、六五頁。
（2）同右、『新訂増補　国史大系　日本書紀　前篇』六五頁。
（3）バートランド・ラッセル著、安藤貞雄訳『ラッセル結婚論』一九九六年、岩波書店、一一頁。
（4）同右、『ラッセル結婚論』二八頁。

（5）同右、『ラッセル結婚論』二八頁。
（6）同右、『ラッセル結婚論』二八、二九頁。

海神宮と母方居住制

海幸山幸兄弟の話は『日本書紀』神代巻第十段で語られる。その本文によると、兄の火闌降命（ホノスソリノミコト）は海の幸を得る力を保持し、弟の彦火火出見尊（ヒコホホデミノミコト）は山の幸を得る力を保持していた。あるとき、兄弟は幸を獲る釣鉤（つりばり）と弓矢とを交換する。しかし、弟は兄の釣鉤を失くしてしまい、そのことで兄に責め立てられる。弟は釣鉤を探す術もなく、憂い苦しみ、海辺をさまよい歩く。このときに出会った塩土老翁（シホツチノヲヂ）の導きにより、弟の彦火火出見尊は海神宮（わたつみのみや）に赴き、そこに留まることになる。

光り輝く海神宮は長い垣をめぐらせ、その門前の井戸端には枝葉の茂った湯津杜（ゆつかつら）の樹が生えている。彦火火出見尊はよろよろとその樹下に佇んでいると、一人の美しい女神が扉を開いて現われる。女神は玉の椀に水を汲み、ふと顔を上げて彦火火出見尊を凝視する。つまり、二神は目合（まぐわ）い恋に落ちる。

女神は宮に戻って、その父母に「一人の珍しい客人が、門前の木の下におります」と報告する。すると父神の海神（ワタツミノカミ）は八重席薦（やへたたみ）を鋪設して彦火火出見尊を海神宮へと迎え入れる。彦火火出見尊が座に着き落ち着いたころ、海神はこれに至る理由を尋ね、彦火火出見尊もこれまでの経緯を打ち明ける。

これを聞いた海神が大小の魚たちを呼び集め、釣鉤について尋ねたことにより、失くした釣鉤は赤女(あかめ)（鯛）の口内から見つけられる。

彦火火出見尊は海神の娘の豊玉姫(トヨタマヒメ)と結婚し、海神宮に三年留まる。しかし、望郷の情が増すばかりの愁鬱な日々を過ごしている。こんな時に、彦火火出見尊は豊玉姫から妊娠を告げられる。しかし、海辺に産室を建て、豊玉姫を迎えることを約束し、姫を残して海宮を去り、元の世界に帰ってしまう。

その後、豊玉姫は出産のため、妹の玉依姫(タマヨリヒメ)を引き連れて、海辺に上陸する。豊玉姫は「妾産時幸勿以看之」(1)〝妾(やつこ)産むときに幸(ねがわく)はな看(み)ましそ〟と、出産の覗き見を禁じる。それにもかかわらず、彦火火出見尊は密かに出産の様を覗き見てしまう。そこで彦火火出見尊が目にしたものは龍に化身して出産する豊玉姫の姿であった。

豊玉姫は見られたくない姿を彦火火出見尊に見られ、「如有不辱我者。則使海陸相通。永無隔絶。今既辱之。将何以結親昵之情乎」(2)〝もし我を辱づかしめざること有りせば、則ち海陸相通(うみくがかよ)はしめて、永く隔て絶つことなし。今すでに辱みせつ、まさに何をもちてかむつましき情(こころ)を結ばん〟と、怒り心頭に発する。もしも、豊玉姫が龍と化した姿を見られるような屈辱を受けなければ、海と陸の相互の往来は、永遠に隔絶することなく続いていただろう。しかし、禁忌を破られ、恥をかかされた豊玉姫は何をもってしても、彦火火出見尊と親愛の情を結ぶことはできないと絶望して、生れた御子を草で包み、海辺に棄て置き、海の道を閉ざして、海神宮に帰ってしまう。これに因んで御子の名は彦波瀲(ヒコナギサ)武鸕鶿草葺不合尊(タケウガヤフキアヘズノミコト)と称される。母親に育児を放棄されてしまったこの御子は、叔母の玉依姫(タマヨリヒメ)に育てられる。

この伝承で注目されるのは、彦火火出見尊が妻の実家に同居する妻方居住制を取っていたことである。これは漫画「サザエさん」のフグ田マスオが婿入りではなく、妻サザエの実家（磯野家）に同居する家族形態と類似している。これが世にいう〝マスオさん状態〟である。このように、彦火火出見尊は妻豊玉姫の家族に迎えられ、妻方居住（母方居住）制のもと、三年もの間、海神宮で過ごしている。

『万葉集』や『日本霊異記』によれば、日本は平安中期まで、母系社会が主流だったとされ、財産の相続も母から娘へという女性間で行われたという向きもある。極端にいえば、ある程度の経済的基盤が整った女性であれば、性愛に対しても、結婚や離婚の判断に対しても、女性自身が積極的に関与できたと考えられるのだ。

ただし、主流であったのは母系社会であり、マスオさんのような妻方居住（母方居住）制が主流であったとは限らない。『万葉集』の時代には、男の訪問を待ちわびる女の歌が数多残されている。これは夫婦間でも同様であり、当時の結婚形態が通い婚であることを示している。したがって、逢瀬の場は女の家であり、女は女の家に留まり、夜這いしてくる男を待ち侘びた。こうした不確実な夫婦（男女）関係では、結婚が自然消滅（離婚）に至ることもあったのだろう。ただし、女のほうも件の理由で、ある程度の自由が担保されることもあっただろう。現在の感覚でいうならば、財布の紐を握っていれば、あるいは財布を別々に持ってさえいれば、女は男による隷属を避けることもできたろう。

とはいえ、こうした結婚形態は社会的地位や家柄または地域によって大きな格差がある。加えて、平安時代も中頃になると〝修身斉家治国平天下〟など、儒教の理念が浸透し、社会あるいは共同体の構成組織として〝家〟の役割が強く意識されはじめ、家が天下国家の有り様に結びついていく。こうなると、共同体の姿も変容し、次第に家族構成の代表者が、戸主として家の実権を掌握するようになる。中世の荘園には、女地頭（後に領主化）も存在したが、大方、戸主となったのは男たちであり、社会的にも経済的にもその妻を含む家族構成員らを養い、あるいは支配した。こうした父系社会のなかで、嫁は貰うものとなり、嫁取り婚が主流となってくる。つまり、儒教倫理が普及する以前の神話伝承から垣間見える日本古来の男女の性愛事情は、後代のそれより自由であったと考えられる。

註

（1）黒板勝美編輯『新訂増補　国史大系　日本書紀　前篇』吉川弘文館、一九六六年、八七頁。
（2）同右、『新訂増補　国史大系　日本書紀　前篇』八七頁。

出産覗き見の禁忌破り

『日本書紀』神代巻第十段によれば、豊玉姫が彦波瀲武鸕鷀草葺不合尊（ヒコナギサタケウガヤフキアヘズノミコト）を出産した産屋は海浜にあったとされている。海浜とは陸と海の境界である。こうした境界は各々の界の外辺部ということになり、悪くいえば端の場末ということになる。産屋とは出産のため、母屋から距離を隔て、別棟に建てた家である。産屋を建てた風習により、出産する行為をも穢れと見做されてしまう向きもある。

第九段で、鹿葦津姫は産室に火をつけて、彦火火出見尊の出産に臨む。火はすべてを焼き尽くし家居蓄財を無化にする穢れの媒体として恐れられた。こうした文化の差し響きとして、穢れを避けるため、家族は母屋と産屋でそれぞれ火や食器を別に分けて生活し、出産を終えた母親も、産後の一定期間、産屋に留まり、時間の経過を待ち、その後、母屋での生活に戻っていった。

大切なことは、出産の場が穢れていてよいという訳ではなく、むしろ清浄に保たれなければならない。母屋と産屋を分け隔てるのも、日常的な生活の場である母屋から産屋を分離することにより、清浄を保たせた。こうした後、出産時の出血により、その場の穢れが強く意識されるようになる。

古来、日本では死や血を穢れとし、死を黒不浄、経血を赤不浄、出産を白不浄と呼び、これに関わる人々との接触を忌避してきた。これにより、特定の地域や時代に関わらず、見境なく不浄を忌み嫌う慣習が広まった。こうした触穢意識はあらゆるものに派生して、いわれない差別を生じさせた。とりわけ、特定の身分の人々に人や動物の死体処理を強い、そうした生業に携わった人々を穢れの対象とし〝穢多〟と蔑み差別することもあった。疫病の蔓延を防ぐ死体の処理は社会に必要不可欠な生業であるにも関わらず、こうした人々に最下層の不可逆的身分の固定を強いた。

江戸幕府の五代将軍徳川綱吉は貞享元（一六八四）年、触穢を規定すべく服忌令を発布した。ここでは喪に服する十三か月の〝服〟や、穢れを忌む五十日の〝忌〟などが詳細に規定された。開府以来、安定期を迎えていた綱吉の時代。文治政治に靡いた武士たちは、血で血を洗う戦国武将とはまったく異質の官僚となっていた。このため、武家政権の全盛期に存在した服忌令は武士が武士であることを否定するような矛盾を孕んでいたのである。[1]

共同体や組織のなかで深く根づいた慣習、あるいは旧弊を払拭するのは至難の業である。しかし、時間を経て、時代も変われば、かつての価値観も移り変わる。不浄に関わる者に対する特定期間に及ぶ公的場所への出仕制限を、現代の尺度をもって見直すと、〝忌避〟が〝労り〟という〝思いやり〟あるいは〝権利〟に変容することもある。黒不浄は忌引。赤不浄は生理休暇。白不浄は出産（育児）休暇と換言することもできるだろう。人の忌避する死体処理などの労働には疫病に感染するリスクも背負う。当然これに関わる人々は特別手当や危険手当の追加請求も可能になる。

出産を控えた豊玉姫は彦火火出見尊の建てた産室に籠る。前述のように豊玉姫は出産の様子を見られることを嫌い、彦火火出見尊にその覗き見を固く禁じた。しかし、彦火火出見尊はその約束を反故にして、出産を覗き見してしまう。ここで注目すべきは、彦火火出見尊に出産の白不浄を忌避する姿勢がなかったということである。

ここで、豊玉姫が出産の覗き見を禁じた理由を現在の立ち会い出産から考察してみたい。フランスの医師ミシェル・オダンは男性の立会出産に対して否定的な見解を示した。[2]夫が分娩室にいると、妊婦は緊張し、さらに、夫の緊張も妊婦に伝わってしまう。こうした空気は妊婦のアドレナリン分泌を促進させる。すると、愛情ホルモンといわれるオキシトシンの分泌が減少し、その結果、妊婦は赤ちゃんから気持ちが離れ、出産も長時間に及んでしまうという。

出産は女性のみが経験し得るいのちがけの生命的行為である。こうした神聖な場に直面した夫婦には、大きく異なる二つの姿勢がある。新たな生命が誕生する瞬間を夫婦で共有するため、夫は妻の出産に立ち会うべきか、それを畏敬して遠慮すべきかという考え方である。それ以外にも、それぞれの人々に即した多様な対処の方法があるのだろう。

彦火火出見尊は一夜の妊娠に疑念を抱きつつも、豊玉姫の出産を覗き見ることによって、それに立ち会い、鸕鶿草葺不合尊（ウガヤフキアヘズノミコト）が誕生する喜びを妻と共有できたのかもしれない。しかし、彦火火出見尊は出産する姿を見られまいという豊玉姫の気持ちを蔑（ないがしろ）にしたことにもなる。合意のない立ち合いでは喜びの共有には至らない。その結果、彦火火出見尊が目にした光景は、龍になって悶絶する豊玉姫の姿であった。豊玉姫は彦火火出見尊が出産の場を勝手に覗いて驚愕し、〝百年の恋も一時に冷めていく〟夫の姿を目の当たりにする。そして、その気持ちの変化を敏感に感じ取り、自らを恥じてしまう。これが二神の不可逆的な別れの契機となる。

『日本書紀』本文で〝龍〟と化した豊玉姫は、第一の一書や『古事記』では「八尋和邇（やひろのわに）」(3)に、第三の一書では「八尋鰐（やひろのわに）」に化身していた。『和名抄』によれば、鰐・和邇（ワニ）は魚類の鮫（サメ）の古名とされている。確かにワニもサメも大顎の持ち主である点で共通するが、爬虫類のワニは日本には生息していない。あるいは海水に対して耐性の強いイリエワニが日本の近海まで漂流することがあったのかもしれない。いずれにせよ、この伝承も南洋の神話との強い関係を窺わせている。

前述の通り、龍に化して出産する姿を見られた豊玉姫は辱められ、海と陸とを永久に隔絶し、生まれたばかりの鸕鶿草葺不合尊を草で包み、海辺に棄て置き、海神宮に帰還しまう。こうした結果は、禁忌破りに起因する社会的制裁でもあった。『日本書紀』本文、第一と第三の一書では、母の豊玉姫に捨て置かれた御子を養育したのが豊玉姫の妹（鸕鶿草葺不合尊の叔母）の玉依姫である。玉のタマは生命力であり、依のヨリは神霊を宿すことを意味する。したがって、玉依姫とは生命力のある神霊を宿す姫ということになる。

註

（1）高埜利彦によれば、服忌令が発布された時代の武家の嗜むべき新しい価値観とは「弓馬＝武道ではなく、服忌をわきまえ儀礼を滞りなく進められる能力や、学問・文化の能力」（『天下泰平の時代』岩波書店、二〇一五年、八四頁）であったという。

（2）ミシェル・オダン著、大田康江 訳、井上裕美 監訳『お産でいちばん大切なこととは何か：プラスチック時代の出産と愛情ホルモンの未来』メディカ出版、二〇一四年。「Fatherhood Debate:Birth is no place for a Father?」『Royal College of Midwives 24-11-09』参考

（3）黒板勝美編輯『新訂増補　国史大系　古事記　先代旧事本紀　神道五部書』吉川弘文館、一九六六年、五一頁。

叔姪婚（しゅくてつこん）ならぬ叔甥婚（しゅくせいこん）

鸕鶿草葺不合尊は初代天皇の父神でありながら、極端に情報量の少ない神である。この神は自らの

誕生と妻子のほか、西洲の宮で崩御し、日向の吾平山上陵に葬り祭られるという最低限の情報が記されるのみであり、神語として自ら発する言葉すら何も残していない。

『日本書紀』神代巻第十一段本文によれば、彦波瀲武鸕鶿草葺不合尊は姨（叔母）の玉依姫に育てられ、後に、その叔母を妃として迎える。玉依姫は彦五瀬命、稲飯命、三毛入野命、神日本磐余彦尊の四柱の男神を生む。この末っ子の神日本磐余彦尊が最初に天皇として即位する神武天皇である。

神日本磐余彦尊は叔母と甥（玉依姫と鸕鶿草葺不合尊）との叔姪婚によって生まれている。叔姪婚とは叔父と姪との結婚を意味するが、これには叔母と甥との結婚の意味も含まれている。叔父と姪との関係に比べ、叔母と甥との婚姻関係は希有であったため、その特殊性故に前者に統合されて、叔母と甥であるにも関わらず、叔姪婚と呼ばれるようになったのだろう。ただし、混乱を避けるため、これ以降はあえて叔甥婚と記すことにする。

初代天皇を誕生させた叔甥婚は婚姻上の禁忌とはされていない。鸕鶿草葺不合尊と玉依姫以外にも、景行天皇皇子の日本武尊とその叔母で垂仁天皇皇女の両道入姫命も〝姉さん女房〟ならぬ〝叔母さん女房〟の叔甥婚であり、これにより仲哀天皇が生まれている。

天皇家においても平城京遷都を行った女帝の元明天皇と草壁皇子も年齢差は一つの叔甥婚であった。ただし、皇子は即位せず、遷都以前に早世している。大仏開眼を行った聖武天皇と光明皇后も同い年の叔甥婚であり、仏教を通して、夫婦ともに多くの社会事業に取り組んだ。平安随一の歌人在原業平を生んだ阿保親王と伊都内親王も叔甥婚である。延喜の治を行った醍醐天皇と為子内親王は天皇が年上ながら叔甥婚であった。摂関政治絶頂期の後一条天皇と藤原威子は八歳年上の叔母さん女房で生涯一夫一婦制を貫いた。後朱雀天皇と藤原嬉子も年齢差二つの叔甥婚であったが、嬉子は皇太子妃の時に、後の後冷泉天皇を出産し、十九歳で早世する。白河院政期の堀川天皇と篤子内親王は十九歳差の叔甥婚であり、天皇はその叔母さんから薫陶を受け高い教養を輝かせた。保元平治の乱の二条天皇と姝子内親王は年齢差二つの叔甥婚であったが、時代の流れに翻弄され、天皇の院号宣下によって后位を剥奪されるという悲劇に見舞われる。そのほか、両統迭立時代の後深草天皇（持明院統）と西園寺公子は十一歳差の叔母さん女房。伏見天皇（持明院統）と洞院季子は同い年の叔母さん女房。後二条天皇皇子の邦良親王（大覚寺統）と後宇多天皇皇女の禖子内親王らが叔甥婚である。

〝年上の女房は金の草鞋を履いてでも探せ〟という言葉があるが、叔甥婚だからといって、すべてが気配りのできる姉さん女房という訳ではない。同年代の叔母もいれば、一回り以上年の離れた年の差のある叔母も、年齢不明の叔母もいる。仲睦まじい夫婦も、そうでない夫婦もさまざまである。そもそも経験というものは年齢に相対化されるものではなく、個々人の性格によるところが大きい。つまり、恋愛に年齢は関係ないようだ。ただし、年を重ねて経験を豊富に積んでいれば、自分本位に陥ることの無益は身に染みている。そうであるならば、相手を慮る余裕もできる。僅かながらでも高い精神性が包容力として相手に安心を与えることもあるだろう。

その一方で、性別に関係なく、こうした経験知が足枷となり、ヒタヒタと迫り寄る老いに過剰に敏感になることで、先の見えない高揚感や、枠にとらわれない機動力、もっと単純に、失せてゆく気力、体力、根気力に怯えてしまうこともあるだろう。昨日との違いはおぼつかなくでも、一年前あるいは三年前よりは確実に加齢を自覚し憂鬱になる。人によっては若いパートナーに気後れや嫉妬や苛立ちを感じる人もいるだろう。

老いには抗いようもなく、すべての人々にあまねくやってくる。こうした現実を容認し、これと寄り添うことができるなら、気が楽になるだろう。ただし、結婚には子を生すという重要な側面がある。当人同士はともかくとも、親兄弟や親しい周りの人々からは屈託のない善意の期待が寄せられる。逆に腫れ物に触るように妙に気遣われることもあるだろう。

両親から、さらにその両親へと無限に遡及してゆけば、連綿と続く親子の関係性は陰陽の営みによるいのちの継承であることが分かる。医療の進歩が認められるとはいえ、女性には出産の適齢年齢がある。それは当然、男性にもあるのだが、男性にはいのちの危険に及ぶ出産は伴わない。一回りも年の離れた年の差婚の夫婦は、子どもの出産について、婚前の意思確認を曖昧なままにしておくと、後にいのちを賭けた選択を女性の一身に背負わせることにもなりかねない。今は時代が違うと一言に片づけてしまえばそれまでだが、女性のなかには家系や血筋を絶やすまいと出産の責務を背負おうとする人が必ずいるはずである。子どもを待望する善意の波は時としていのちをめぐる憂慮の種にもなる。

第五章　性愛と現代の問題Ⅲ

垂仁天皇と皇后狭穂姫

『日本書紀』垂仁天皇四（紀元前二六）年九月の条によれば、垂仁天皇の皇后狭穂姫は兄の狭穂彦王に〝兄と夫とどちらを愛しているのか〟と詰め寄られ、その真意もわからぬまま、優柔不断に〝兄を愛している〟と答えてしまう。

このとき、謀を目論む狭穂彦王は「夫以色事人。色衰寵緩。今天下多佳人。各遞進求寵。豈永得恃色乎。是以冀吾登鴻祚。必與汝照臨天下。則高枕而永終百年。亦不快乎。願為我弑天皇」(1)〝夫れ色を以て人に事ふるは、色衰へて、寵緩む。今、天下に佳人多なり。各遞に進みて寵を求む。豈永に色を恃むことを得む。是を以て、冀はくは、吾、登鴻祚さば、必ず汝とともに天下に照臨みて、則ち枕を高くして永に百年を経へむ。また快からずや。願はくは我ために天皇を弑まつれ。〟と狭穂姫を誑し込む。

兄妹でありながら、狭穂彦王と狭穂姫は互いの愛を確かめ合った後、狭穂彦王は「容姿容貌というのは衰え行くものである。天皇の寵愛もいずれ得難くなるだろう。今は世の中に美しい女性は数多くいて、互いに競って寵愛を得ようとしている。どうして永遠に美しい容姿を保って寵愛を得られようものか。どうか妹よ、私が皇位についたなら、必ずあなたとともに天下に君臨し、枕を高くして、ずっと一緒にいようじゃないか。そういう生き方も痛快だろう」と、狭穂姫の心のなかにある猜疑心を弄び、幻想と虚栄を煽り立てていく。〝枕〟という言葉はこの兄と妹の近親相姦を暗示する。こうして、狭穂彦王は狭穂姫に小刀を渡し、天皇の寝首を掻き弑するように懐柔する。ここで、狭穂姫は兄の策略を拒絶することもできたであろう。しかし、歪なる情愛の果てか優柔不断か、兄の謀反を諫めきれず、小刀を受け取ってその懐に忍ばせる。

『日本書紀』垂仁天皇五（紀元前二五）年十月の条によれば、垂仁天皇は久米に行幸し、その高宮で、皇后狭穂姫の膝を枕にして昼寝をしていた。皇后はいまだに垂仁天皇暗殺を成し遂げられずにいたのである。今が謀殺のときと意を決するも、天皇のことを愛おしく思い、不覚にも涙を流してしまう。その涙は天皇の顔のうえに落ちていく。

これに驚いた天皇は「朕今日夢矣。錦色小蛇。繞于朕頸。復大雨従狭穂発而来之濡面。是何祥也(2)」〝朕、今日夢みらく、錦色なる小蛇朕が頸に繞る。また大雨狭穂より発りて来て、面を濡らすとみつるは、これ何の祥ならむ〟と、今見た夢を皇后に語る。

皇后は「……不得背天皇之恩。……、今日夢也。必是事応焉。錦色小蛇則授妾匕首也。大雨忽発則

妾眼涙也」(3)〃……天皇の恩に背くことを得ず。……、今日の夢は必ずこの事の応ならむ。錦色の小蛇は則ち妾に授けし匕首なり。大雨のたちまちに発るは則ち妾が眼涙なり〃と、天皇に謀を隠しきれず、兄の謀反の計画を詳らかにしてしまう。

天皇は皇后に謀反の罪はないと庇う一方、ただちに狭穂彦王の討伐に動く。しかし、狭穂彦王は稲城に籠城し、あろうことか皇后も皇子の誉津別命を抱き、兄の稲城へ入ってしまう。天皇は皇后と皇子の身の安全を願うも、思い及ばず。皇后は「妾始所以逃入兄城。若有因妾子免兄罪乎。今不得免乃知妾有罪。何得面縛。自経而死耳」(4)〃妾、始め兄の城に逃げ入りし所以は、もし妾と子とによりて兄の罪を免るること有らむかとなり。今免るることを得ざるは、乃ち妾が罪あることを知りぬ。何ぞ面縛を得む。自経ぎて死らむのみ〃と出頭を拒否する。皇后狭穂姫は自分と誉津別皇子に免じて兄の罪が許されることを期待して、兄の狭穂彦王の城に逃げ込んだ。しかし、兄は許されることなく城を取り囲まれた。ここに至って、皇后自身にも罪があることを悟った。ならば面縛されることなく、兄に従いここで自経（殉死）する旨を述べている。

皇后は続けて「唯妾雖死之。敢勿忘天皇之恩。願妾所掌後宮之事。宜授好仇。丹波国有五婦人。志並貞潔。是丹波道主王之女也。当納掖庭以盈後宮之数」(5)〃ただし妾死ると雖も、敢へて天皇の恩を忘れじ。願はくは妾が掌りし後宮の事は、宜しく好仇に授へ。丹波国に五婦人有り。志並貞潔し。是れ丹波道主王の女なり。当に掖庭に納れて、後宮の数に盈ひたまへ〃と天皇の恩に感謝し、天皇の後添い（後の皇后）の手配まで指示して、兄とともに稲城のなかで焼け果てる。

夫と兄の間で、もつれた情愛に漂い、優柔不断な恋に生きた狭穂姫は、皇后の地位にありながら、常に受け身に回り、謀反を回避することなく、国を混乱に陥らせた。皇后自身は苦しみの淵に果てようとも、諸々の性愛を全うしたのだといえよう。しかし、誰が父であったのか、その出生が不確実のまま、否応なく戦乱に巻き込まれてしまった誉津別皇子は本当に不憫であった。

皇子の消息は『日本書紀』垂仁天皇二十三（紀元前七）年九月の条に「誉津別王。是生年既卅。髯鬚八掬。猶泣如児。常不言何由矣」(6)〝誉津別王は生れて年すでに三十なり。髯鬚八掬、なほ泣つること児のごとく、常に言はずは何の由ぞ〟と記されている。過酷な幼児体験が影響したのだろうか。成人した誉津別皇子は髭も伸び放題で、子どものように泣き、常に言葉を話すこともなかったという。これもまた、皇子誕生時の背後事情にある不確定要因、つまり、皇后による同母兄との不倫という近親相姦に対する批判的暗示だったのかもしれない。

『日本書紀』垂仁天皇二十三年十月の条によれば、白鳥と思しき鵠を見た誉津別皇子ははじめて「是何者耶」(7)〝これなにものぞや〟と言葉を発する。その場にいた天皇はこれを聞いて甚く喜んだという。誉津別皇子は垂仁天皇に疎まれることなく、愛されていたのである。ちなみに、『古事記』垂仁天皇記によれば、沙本毘売命（狭穂姫）は妊娠中に籠城し、稲城のなかで本牟都和気命（誉津別命）を出産する。さらに、この皇子は稲城から救出された旨が明記されている。

『日本書紀』は垂仁天皇の皇后や皇子に対する愛情の深さを伝えているが、その一方で、天皇の容赦ない面食い振りも伝えている。『日本書紀』垂仁天皇十五（紀元前一五）年二月の条によれば、垂仁天皇は狭穂姫の遺言に従い、丹波の日葉酢姫、渟葉田瓊入媛、真砥野媛、薊瓊入媛、竹野媛を後宮に招き、八月に日葉酢姫を皇后に、他の三媛を妃として迎えている。しかし、竹野媛のみは「形姿醜」[8]という理由で丹波に返してしまう。これについては瓊瓊杵尊と磐長姫（石長比売）との関係を彷彿させるが、竹野媛は磐長姫（石長比売）のように天皇を恨むことも呪うこともしなかった。竹野媛はただただ己の姿の醜さを恥じて、丹波への帰路、葛野の辺りで自ら輿から転落して死んでしまう。

『古事記』垂仁天皇記においても類似する出来事が記されている。ただし、女神の名は『日本書紀』とは異なり、その数も五柱ではなく四柱である。そのうち、「甚凶醜」[9]と蔑まれ、丹波に返されるのは歌凝比売命と円野比売命との二柱の女神とされている。円野比売命は「同兄弟之中。以姿醜被還之事。聞於隣里。是甚慚而」[10]〝同じき兄弟のなかに姿醜きによりて還さゆる事、隣里に聞えむは甚慚し〟と絶望し、山城の国の相良の辺りで、樹の枝に取りかけて死のうとするも死にきれず、弟国に至り、自ら深い淵に飛び込み死んでしまう。直接に女神の無念の言葉を聞いてしまうと、より哀しく憐れであり、〝貞潔〟な竹野媛（円野比売命）が偲ばれる。

註

（1）黒板勝美編輯『新訂増補　国史大系　日本書紀　前篇』吉川弘文館、一九六六年、一七八頁。
（2）同右、『新訂増補　国史大系　日本書紀　前篇』一七九頁。
（3）同右、『新訂増補　国史大系　日本書紀　前篇』一八〇頁。
（4）同右、『新訂増補　国史大系　日本書紀　前篇』一八〇頁。

（5）同右、『新訂増補　国史大系　日本書紀　前篇』一八一頁。
（6）同右、『新訂増補　国史大系　日本書紀　前篇』一八三頁。
（7）同右、『新訂増補　国史大系　日本書紀　前篇』一八三頁。
（8）同右、『新訂増補　国史大系　日本書紀　前篇』一八二
（9）前掲の『新訂増補　国史大系　古事記　先代旧事本紀　神道五部書』八二頁。
（10）同右、『新訂増補　国史大系　古事記　先代旧事本紀　神道五部書』八二頁。

日本武尊（倭建命）の西征

『日本書紀』に記された日本武尊（ヤマトタケルノミコト）は、常に父の景行天皇に忠実であり、天皇からの信頼も厚く、非の打ちどころがない理想的な英雄とされている。一方、『古事記』に描かれる倭建命（ヤマトタケルノミコト）と景行天皇との関係は複雑に拗れている。

美濃国造の祖、神大根王（カムオホネノミコ）の娘で、容姿端麗として誉れ高い兄比売（エヒメ）と弟比売（オトヒメ）を宮中に召し入れようと、景行天皇は御子の大碓命（オホウスノミコト）を美濃へ遣わす。ところが大碓命はその姉妹に横恋慕し、兄比売と弟比売の二人とそれぞれ関係を持ち、それぞれとの間に子をなしてしまう。加えて、大碓命はまったく別の女性に兄比売、弟比売姫を名乗らせ、偽って天皇に奉る。天皇は彼女らが偽物であることを察していたため、偽の姉妹と結婚することもせず、大碓命を責めるでもなく、落胆して物思いにふける。

ある日、天皇は朝夕の食膳に参上しない大碓命の消息を、その弟の小碓命（ヲウスノミコト）に尋ね、兄の生活習慣

をしっかり教え諭すように伝える。しかし、五日たっても大碓命は姿を見せることはなく、その身を案じた天皇は小碓命に先日の〝教え諭し〟の件を尋ね、驚愕の事実を知ることになる。

小碓命は兄の大碓命を捕らえて、打ちのめし、手足をもぎ取り、薦（こも）に包んで投げ捨てたというのだ。これが小碓命流の〝教え諭し〟だった。天皇はこれに至って小碓命のなかに潜む狂気を感じ取る。確かに天皇の思われ人を横取りした大碓命は天皇にとって不肖の御子に相違ない。だからといって、小碓命による兄殺しが罷り通る訳もない。こうして、猛々しく荒々しい小碓命は天皇から疎まれ、熊襲（くまそ）征伐など西征の旅へと追いやられる。

小碓命の容貌は髪をうなじのあたりで切り揃えた童女のような美少年とされている。諸国の猛者たちはこの美少年に心を許していのちを落とす。淑女たちはこの美少年のために宝を授け、あるいは自らいのちを賭す。この小碓命が後の倭建命（ヤマトタケルノミコト）、『日本書紀』でいう日本武尊（ヤマトタケルノミコト）である。

西征に向かった小碓命は伊勢に赴き、叔母の倭比売命（ヤマトヒメノミコト）を訪ねる。そこで女性用の御衣（みけし）や御裳（みも）を調達し、剣を懐に忍ばせ、熊襲討伐へと出かけていく。南九州を勢力下に置く熊襲は勇猛で知られ、たびたび反乱を起こしては、大和朝廷に抵抗してきた。小碓命は勇敢にも手強い敵陣へ一人で乗り込んでいく。ここで小碓命に味方したのはいうまでもなく、人を惹きつけて止まない若き美貌であった。

小碓命は倭比売命から賜った衣装を身にまとい、女装を施して、熊襲建（クマソタケル）が住む館の落成祝いに紛れ込む。熊襲建の兄弟はすぐにその美少女（女装した小碓命）を見初め、自分らの間に侍らせて酒盛りをはじめる。宴酣（たけなわ）となったころ、小碓命は懐から剣を取り出して、兄の熊襲建の襟をつかんで剣を胸から突き通す。これに驚いた弟の熊襲建は慌てて逃げ出すも、すぐに追いつかれ、背中の皮をつかまれて、尻から剣を突き通される。このとき、瀕死の熊襲建は小碓命に〝倭建御子（ヤマトタケルノミコ）〟の名を与える。しかし、名づけ親がその名を告げるや否や、その倭建命は熟れた瓜を裂くように、突き刺した尻から切り裂いて熊襲建を殺してしまう。

美少年がなす悪辣な行為は止めどなく続く。出雲に至った倭建命は出雲建（イズモタケル）の殺害を目論み、出雲建と偽りの親交を結ぶ。そして、赤檮（いちい）の木で偽の太刀を作り、出雲建を肥河（ひのかわ）（斐伊川）に誘い出して沐浴を促す。倭建命を信じて裸で沐浴する出雲建はすぐに殺されはしない。倭建命は裸の出雲建をわざわざ川から上げた後、互いの太刀を交換して、太刀合わしようと持ちかける。出雲建に渡された倭建命の太刀は偽物の木刀であったため、出雲建は太刀を抜くこともできぬまま、倭建命になぶり殺しにされてしまう。

男同士の裸の付き合いで、信頼する友に騙し討ちにされた出雲建の無念はいかばかりであったろう。注目すべきは、このときに詠んだ倭建命の歌「夜都米佐須。伊豆毛多祁流賀。波祁流多知。都豆良佐波麻岐。佐味那志爾。阿波礼」[1]〝やつめさす　出雲建が佩（は）ける刀（たち）　黒葛（つづら）さは巻き　さ身無しにあはれ〟である。「やつめさす」は「八雲立つ」と同様に出雲の枕詞とされ、ここでは〝八つ目刺す〟にかけている。〝八百万（やおよろず）〟のように八は沢山（たくさん）を意味する。つまり、出雲建は滅多刺しにされてしまうということである。

倭建命は「出雲建が腰につけた太刀は鞘に黒葛の蔓が巻きついていて素敵だね。刀身がないとも知らず哀れだね」と詠んでいる。出雲建謀殺の成功を誇らしげに、誼（よしみ）を交わした友人の亡骸に向かって嘲り嗤う倭建命の姿は英雄からは程遠い。

ちなみに、『日本書紀』に描かれた英雄然とした日本武尊の伝承には、西征に至るまでの兄殺しも、倭比売命の援助も、出雲建の謀殺も記されていない。熊襲についても景行天皇がすでに制圧した後の反乱平定という西征であり、天皇は多くの従者たちを日本武尊に随行させている。日本武尊の名づけ親たる熊襲の首長も二人の熊襲建兄弟ではなく、取石鹿文（トロシカヤ）あるいは川上梟師（カワカミノタケル）一人とされている。

註

（1）黒板勝美編輯『新訂増補　国史大系　古事記　先代旧事本紀　神道五部書』吉川弘文館、一九六六年、八六、八七頁。

日本武尊（倭建命）の東征

『古事記』によれば、景行天皇は西征から凱旋した倭建命を褒め称えることも、労うこともせず、休息を与える間もなく東方十二か国の平定を命じる。こうして、倭建命は先の見えない東征という死出の旅路に向かうことになる。倭建命は父景行天皇の愛情を何より欲していた孝行息子として理解することができる。不肖の兄を誅伐したのも、熊襲建を征伐したのも、出雲建を謀殺したのもすべて父、景行天皇の安定的統治に資するためであった。

倭建命は勅命に従い、東国へ赴く。その際、伊勢の神宮に参拝し、神宮斎王である叔母の倭比売命を訪ねている。ここで、倭建命は、「天皇既所以思吾死乎。何撃遣西方之悪人等而。返参上来之間。未経幾時。不賜軍衆。今更平遣東方十二道之悪人等。因此思惟。猶所思者吾既死焉」(1)〝天皇すでに吾死ねと思ほす所以か、何しかも西の方の悪しき人等を撃ちに遣はして、返り参上り来し間、未だ幾時も経らねば、軍衆を賜はずて、今更に東の方十二道の悪しき人等を平けに遣はすらむ。これによりて思惟へば、なお吾すでに死ねと思ほしめすなり〟と語り、はらはらと涙を流す。

倭建命は、天皇である父が自分の死を望んでいるのだと悲観して、その思いを叔母に打ち明ける。倭比売命にとって倭建命はかわいい甥であり、輝くばかりの美青年でもあった。その当代きっての英雄が自分だけを頼りにして男泣きしているのである。若く逞しく美しい男の涙を独り占めにした倭比売命はその心を鷲掴みにされる。こうして叔母は甥っ子のために何か役立てることはないかと奮起し、神宝である草薙剣を倭建命に授けてしまう。草薙剣とは別名を天叢雲剣といい、かつて、八岐大蛇の尾から素戔嗚尊が取り出し、天上に奉った剣であり、八咫鏡、八尺瓊勾玉とともに三種の神宝の一つとされている。後に、倭建命はこのとき賜った火打石と剣によって、いのちを救われている。

父子関係に苦悩する倭建命の嗚咽は一連の物語の名場面とされている。この涙にほだされるのは倭比売命だけではない。これを読んだかの本居宣長でさえ、「さばかり武勇く坐皇子の如此申し給へる御心のほどを思度り奉るに、いといと悲哀しとも悲哀き御語にざりける」[2]と述べ、自らの死を予感しながら国（天皇）のために戦う倭建命を偲んでいる。つまり、倭建命の苦悩は時代も立場も性別をも越えて、人の心に響くものであった。

倭建命は尾張の国造の祖、美夜受比売と婚約を交わし、東へ向かって進撃をはじめる。相模の国ではその国造に謀られて、野で火攻めにされる。しかし、倭建命は草薙剣で辺りの草を薙ぎ払い、必要な空間を確保した後、火打石で向火を放ち難を逃れる。これらは皆神宝や伊勢神宮の加護であろう。倭建命はすかさず反撃に転じ、相模の国造らを皆殺しにして、辺りを焼き尽くしてしまう。これにより、この地を焼津と呼ぶようになったという。

東征はさらに続く。倭建命は走水の海（浦賀水道）から房総半島へ渡ろうと試みる。しかし、海峡を支配する渡の神が波を興し、船の進行を妨げる。すると、后の弟橘比売命が自ら倭建命の身代わりとして人柱（生贄）となり、海中に身を沈めると申し出る。

弟橘比売命は倭建命が東征派遣の任務を遂行し、早く景行天皇に吉報を齎(もたら)すように諭し、荒れ狂う波の上に菅畳(すがたたみ)、皮敷物(かわしきもの)、絹布を幾重にも敷き詰め、その上に降り、海上を漂いながら、千尋の海の底へと消えてゆく。

すると、荒波は自然に凪となり、船は航行可能となる。このとき、弟橘比売命が詠んだ歌が「佐泥佐斯。佐賀牟能袁怒邇。毛由流肥能。本那迦邇多知弖。斗比斯岐美波母」(3)〝さねさし相武(さがむ)の小野(おぬ)に燃ゆる火の火中(ほなか)に立ちて問ひし君はも〟である。「さねさし」とは相模（相武）の枕詞である。この歌は「相模の野原で火攻めにあったとき、火中に立って、私の安否を気遣ってくれた夫の君よ」と詠んでいる。弟橘比売命は火攻めの最中に自分の無事を気遣う夫の愛情を信じ、それのみを頼りとし、夫を救うため自己を犠牲にするのである。弟橘比売命は二度と倭建命のもとへ戻ることはなかった。しかし、七日の後、后の櫛が海岸に流れつく。倭建命はそれを静かに拾い上げ、陵を作りそのなかに櫛を納め弟橘比売命を弔っている。

その後も、倭建命は東の奥へ奥へと進撃し、荒々しい蝦夷や山川の神々を平定していく。こうして、都へ上る帰路、足柄山の坂の下で、白鹿となった足柄峠の神の目に蒜(ひる)を投げ当てて殺し、坂の上に登り、三度、〝あづまはや〟「わが妻よ〜！」と弟橘比売命を偲んでいる。このため、この国を阿豆麻(あづま)（吾妻・東）と名づけたという。

甲斐、信濃を通り尾張に帰った倭建命は、婚約中の美夜受比売のもとへ急ぐ。美夜受比売が盃を奉り献じたときに、その襲(おすい・おそい)の裾に月の障りのものがつく。それを見た倭建命は「比佐迦多能。阿米能迦具夜麻。斗迦麻邇。佐和多流久毘。比波煩曾。多和夜賀比那袁。麻迦牟登波。阿礼波須礼杼。佐泥牟登波。阿礼波意母閇杼。那賀祁勢流。意須比能須蘇爾。都紀多知邇祁理」(4)〝ひさかたの　天の香具山　鋭喧に　さ渡る鵠　弱細　撓や腕を　枕かむとは　我はすれど　さ寝むとは　我は思へど　汝が著せる　襲の裾に　月立ちにけり〟と歌を詠む。

「ひさかたの」は天にかかる枕詞。倭建命は「天の香具山の上を鋭く喧しく飛び渡る鵠よ。その首のようにか弱く細くたわやかな腕を、枕にしたいと私は思うけれど、あなたと寝たいと私は思うけれど、あなたが着ている襲の裾に月が出てしまったね」といっている。久々の再会を果たした美夜受比売への募る思いもあるだろうに、倭建命は美夜受比売の経血を気遣い、自らの情欲を強いることなどしない。

これに答えて美夜受比売が詠んだ歌は「多迦比迦流。比能美古。夜須美斯志。和賀意富岐美。阿良多麻能。登斯賀岐布礼婆。阿良多麻能。都紀波岐閇由久。宇倍那宇倍那。岐美麻知賀多爾。和賀祁勢流。意須比能須蘇爾。都紀多多那牟余」(5)〝高光る　日の御子　やすみしし　我が大君　あらたまの　年が来経れば　あらたまの　月は来経行く　諾な諾な　君待ちがたに　我が著せる　襲の裾に　月立たなむよ〟である。

「高光る」「やすみしし」「あらたまの」はそれぞれ日、大君、年月にかかる枕詞である。美夜受比売は「日の神の御子よ。我が大君よ。年が来て、また過ぎ行けば、月も来て、また過ぎ行くものです。そうですよね。そうじゃありませんか。あなたを待ちきれなくて、私が着ている襲の裾に月が出てしまったのでしょう」と積極的に自らの想いを述べ、二人は結ばれる。

倭建命は佩いていた草薙剣を美夜受比売のもとへ置いたまま、伊吹山の神退治に出発する。これにより、尾張に留まった草薙剣は熱田神宮の御神体となる。ただし、もしも、倭建命が草薙剣を奉持していたならば、剣はそのいのちを守っていたのかもしれない。この後、伝承は倭建命の死に向かって畳みかけるように展開していく。数多の武功を挙げながら、傷つき、疲れ果て、それでも、目の前の性愛に生きる姿は健気で愛おしい。

美濃の伊吹山に向かった倭建命は、そこで牛ほどの大きさの白猪（『日本書紀』では大蛇）に出会う。実はこの白猪は山神であった。しかし、倭建命はこの白猪を神の使者と勘違いし、「今は殺さずに、帰るときにでも殺してやろう」と軽口をたたいて侮辱する。これにより、山神は激しい雹を降らせて倭建命のいのちを衰弱させる。倭建命は伊吹山を下り、玉倉部から当芸野を抜けて養老山地沿いに杖衝坂を通り尾津前まで南下する。さらに、病状を悪化させながら、伊勢の三重村を経て能煩野に至る。ここで倭建命は国思歌（国偲び歌）を詠みいのちが尽きる。

倭建命は数多の女たちに愛されるが、父景行天皇との葛藤を解決することも、大和に帰る夢も叶わぬまま、故郷を目の前にして力尽き、その国の情景を思いながら死んでいく。倭建命が残した最も有名な歌は「夜麻登波。久爾能麻本呂婆。多多那豆久。阿袁加岐。夜麻碁母礼流。夜麻登志。宇流波斯」[6]〝倭は　国のまほろば　たたなづく　青垣　山隠れる　倭しうるはし〟である。この歌は「大和は国のなかで最も素晴らしい国だ。幾重にも青垣が重なるような山々に抱かれた大和は美しい国だ」という国偲び歌である。

その後、倭建命は白い鳥になって故郷の空へと帰っていく。しかし、『日本書紀』によれば、この歌は景行天皇が熊襲征伐の際、日向で都を偲んで詠んだ望郷歌とされている。『日本書紀』の東征物語は『古事記』のそれとは大いに趣が異なる。

『日本書紀』で語られる日本武尊（ヤマトタケルノミコト）は父景行天皇からの信頼も厚い非の打ちどころのない英雄である。したがって、典型的優等生が兄殺しなどするはずもない。『日本書紀』景行天皇四十（一一〇）年七月の条によれば、兄の大碓皇子（オオウスノミコト）は日本武尊に東国遠征を推挙されるも怖気（おじけ）づいて逃げ隠れ、天皇から「何未対賊。以予懼甚焉」[7]〝いかにぞいまだ賊（あだ）に対（むか）はずして、予（まだき）懼るること甚だしき〟つまり、「まだ賊に会ってもいないのにビビりすぎだぞ」と呆れられ、無理強いもさせられぬと美濃の国に赴かされる。身毛津君（むげつきみ）と守君（もりきみ）はその子孫とされている。

情けない兄に代わって、日本武尊は「熊襲既平。未経幾年。今更東夷叛之。何日逮于太平矣。臣雖労之。頓平其乱」[8]〝熊襲すでに平ぎて、いまだ幾（いくばく）の年を経ずして、今更、東の夷叛（ひなそむ）けり。いづれの日にか太平（たひら）ぐるに逮（いた）らむ。臣（やつかれ）、労（いたわし）と雖も。頓（ひたぶる）にその乱を平けむ〟「熊襲を平定して間もない。しかし、東国では夷どもが叛き暴れている。これを平らげることは容易ではないが、すぐに乱を平定して見せましょう」と雄叫びを上げ、自ら進んで東国平定に乗り出していく。

これに対し、父の景行天皇も「形則我子。実則神人」[9]〝形は我子。実（むざね）は神人（かみ）にますことを〟「形は我が子であっても、本当は神人でいらっしゃる！」と語り、日本武尊に信頼以上の信奉を示し、征夷の将軍に任命する。当然のこととして、吉備武彦(キビノタケヒコ)や大伴武日連(オオトモノタケヒノムラジ)ら強者を従者とし、七掬脛(ナナツハギ)という専属料理人まで伴わせている。

このように、『日本書紀』に記された父子は相思相愛であり、互いに礼賛の嵐なのである。『日本書紀』の記述には、文学的旨味となる父子の葛藤や苦悩など欠片もない。したがって、日本武尊は伊勢に参拝し、倭媛命を訪ねても、その叔母に甘えて涙を見せることもなく、粛々と草薙剣（火打石が入れられた袋はない）を拝受し、東征に向かう。

日本武尊一行は駿河で土地の賊に火攻めにされるが、火打石で向火を放ち、難を逃れている。この火打石が倭媛命(ヤマトヒメノミコト)から下賜されたという記述もない。草薙剣についても一説として、草を薙いだ天叢雲剣を草薙剣と命名した旨が触れられるだけである。火中で弟橘媛(オトタチバナヒメ)の身を案じたという件もない。さらに、日本武尊の身代わりとして海へ入水し、渡の神の人柱となった弟橘媛（穂積氏忍山宿禰の娘）は后(きさき)ではなく、妾(おみな)とされている。弟橘媛の入水時に海上に菅畳などを敷く件も、七日後に弟橘媛の櫛が打ち上げられ、それを拾い上げて陵に納めたという件も『日本書紀』には記されない。ただし、碓日(うすひ)の峰（碓氷峠）で、弟橘媛を偲び、「吾嬬者耶」[10]〝吾嬬(あづま)はや〟と三度叫んだ件は辛うじて記されている。

つまり、『日本書紀』は日本武尊と弟橘媛との愛に満ちた名場面など、女たちとの睦びや歌をことごとく省いてしまう。英雄の性愛表現を忌避したためだろうか、日本武尊と宮簀媛とが経血をおして結ばれた話や、月のもの（経血）の歌が『日本書紀』に記述されることもない。

註

（1）黒板勝美編輯『新訂増補　国史大系　古事記　先代旧事本紀　神道五部書』吉川弘文館、一九六六年、八七頁。
（2）大野晋・大久保正編集校訂『本居宣長全集　第十一巻』筑摩書房、一九六九年、二一九頁。
（3）前掲の『新訂増補　国史大系　古事記　先代旧事本紀　神道五部書』八八頁。
（4）同右、『新訂増補　国史大系　古事記　先代旧事本紀　神道五部書』八九頁。
（5）同右、『新訂増補　国史大系　古事記　先代旧事本紀　神道五部書』八九、九九頁。
（6）同右、『新訂増補　国史大系　古事記　先代旧事本紀　神道五部書』九一頁。
（7）黒板勝美編輯『新訂増補　国史大系　日本書紀　前篇』吉川弘文館、一九六六年、二一三頁。
（8）同右、『新訂増補　国史大系　日本書紀　前篇』二一三頁。
（9）同右、『新訂増補　国史大系　日本書紀　前篇』二一四頁。
（10）同右、『新訂増補　国史大系　日本書紀　前篇』二一七頁。

阿豆那比（あずない）の罪と男色

性愛は男女間によってのみ営まれる愛欲ではない。異性間もあれば同性間もある。平安時代の関白藤原忠実の語録『富家語』や、その子頼長の日記『台記』には、複数の男性同士の性愛が赤裸々に記録されている。これら古代の男色関係には、当時の政治権力の頂点に立つ人々の主従関係に基づく強要として、容易に片づけることのできない指向や戯れが綯（な）い交ぜ（ま）になって書き残されている。

男色は近世の錦絵にも描かれており、特に極端に女性の少ない環境にあった寺院の僧侶と稚児、あるいは戦場での武将同士による性愛関係は枚挙に暇がない。十七世紀初頭、江戸の都市開発をめぐる労働者（男性）の増加によって、異性間による性愛の対象（異性としての女性）は限定された環境下にあった。このため、発展する都市部においては独身男性が増加し、男娼が売春する陰間茶屋（上方では若衆茶屋）が賑わったという。

鍋島藩士山本常朝の口述を筆録した『葉隠』(1)には衆道の心得が〝すいてすかぬもの〟と記さている。衆道とは武士同士の男色をいう。その至極とは相手のためにいのちを捨てること。しかし、そんなことをすれば恥だという。それは忠君（主従関係）における視点から、主に奉るいのちがなくなるからである。当然ながら武士の人間関係は忠君が基準となる。衆道にのめり込み、それにいのちを賭してしまえば、君主に対して忠義が立たないのである。ただし、衆道の解釈は深遠であり、『葉隠』においても、男色を禁忌としたか否かについては判然としない。

男色禁忌の初見を『日本書紀』に求める向きもある。男色が禁忌とされているなら、当時男色が盛んであったことになる。神功皇后は仲哀天皇崩御の後、新羅征討からの凱旋の途中で、忍熊王らの反乱に遭う。神功皇后は忍熊王攻略に備えるため、紀伊国小竹宮に移動する。

このときの様子が『日本書紀』神功皇后摂政元（二〇一）年二月の条に「昼暗如夜。已経多日。時人曰。常夜行之也。皇后問紀直祖豊耳曰。是恠何由矣。時有一老父曰。伝聞。如是恠謂阿豆那比之罪也。問。何謂也。対曰。二社祝者共合葬歟(2)」と記されている。以上の原文を書き下すと、〝昼の暗きこと夜の如し。已に多くの日を経たり。時人常夜を行くと曰ふ。皇后、紀直祖豊耳に問いて曰く。この佐は何の由ぞと。時に一の老父有りて曰く。伝へ聞く。かくの如き佐阿豆那比之罪と謂ふなりと。問ふ。何の謂ひぞと。対へて曰く。二社の祝共に合せ葬むるかと〟となる。

この記述の概要を示すと、昼の暗さは夜のようであり、すでに多くの日を経ていた。時の人はこの様を「常闇を行く」といったようだ。皇后は紀直の祖豊耳に「この怪しい出来事はどういう理由でおきているのか」と問う。すると一人の老人が「伝え聞くところによると、このようなことは阿豆那比の罪というそうです」と答えた。皇后は「それはどういう罪なのか」と問う。これに答えて、「二つの社（神社）の祝（神主）を一緒に合葬したからでしょうか」というのである。つまり、『日本書紀』に記された常闇の原因は、二社の祝を合葬したことによる阿豆那比の罪とされている。ただし、これらの証言は断定ではなく、伝聞に基づく推測であることが分かる。

「二社祝者共合葬歟」の最後の一文字「歟」は疑問や反問を示す助辞である。つまり、『日本書紀』においては罪の断定を意図的に避け、あくまで伝聞の証言とする。要するに、鉤括弧で括られた伝聞であるが故に、阿豆那比の罪をめぐる情報は二社の祝を合葬したということ以外は不確実なのである。したがって、これをもって男色の禁忌を示す論拠にはなり得ない。

「二社祝者共合葬歟」の次に続く記述は、「因以令推問。巷里有一人曰。小竹祝与天野祝共為善友。小竹祝逢病而死之。天野祝血泣曰。吾也生為交友。何死之無同穴乎。則伏屍側而自死。仍合葬焉。蓋是之乎。及開墓視之実也。故更改棺櫬。各異処以埋之。則日暉炳爕。日夜有別」(3)である。ここには二人の祝の関係とその顚末が記されている。

これを書き下してみると〝因て以て推へ問はしむ。巷里に一人有りて曰く。小竹祝と天野祝共に善友為り。小竹祝病に逢ひて死す。天野祝血泣て曰く。吾、生けしときに交友為り。何ぞ死にても穴を同くすること無からむやと。則ち屍の側に伏して自ら死す。仍て合せ葬む。蓋しこれかと。及ち墓を開きて視るに実なり。故に更に棺櫬を改め。おのおの異なる処に埋む。則ち日暉炳燦て。日夜別有る〟となる。

この記述の概要を以下に示す。神功皇后がさらに質問を続けると、村人の一人が「小竹祝と天野祝はとても仲のよい友人でした。しかし、小竹祝が病で死んでしまうと、天野祝は激しく泣いて『私は生きていた彼とよい友人であった。どうして死んでしまった後も墓穴を同じにしないことなどあり得ようか』といって屍の側に伏して自死してしまいました。こうして、二人の祝は合葬されたのですが、思うに（常闇の原因は）こうしたことでしょう」と述べている。墓を開いてみると合葬は事実であった。そして、棺を改め、それぞれ別な場所に埋葬し直すと、日光は照り輝き、昼夜も別になったという。

小竹祝の死に際して、天野祝は墓穴をともにすることを望み、いのちを絶ってしまう。愛情の深さと男色とを同一視することはできないが、こうした尋常ならざる愛情を強引に男色と見なし、ここに常闇を引き起こした原因を求めるならば、男色関係こそが阿豆那比の罪となり、この記述が男色の禁忌を示す初見ということになるのだろう。ただし、二人の祝の関係はすべて伝聞あるいは推測に基づいている。墓まで暴いて、分かったのは二人が合葬されていたという事実のみである。やはり、阿豆那比の罪とは合葬の罪であり、この罪を男色の罪と断定する明確な根拠はない。

そもそも「歟」と疑問符をつけられながらも「阿豆那比之罪」は「二社祝者共合葬歟」と記されているため、阿豆那比の罪が合葬であることに相違ない。ただし、言に合葬といっても、阿豆那比の罪が同性同士の合葬を指すのか、祝（神職）同士の合葬を指すのか、血縁地縁のない地域外の祝の合葬を指すのか、合葬の細かな要件については原文の記述のみではこれ以上の推論が立てられない。

難波美緒の「『阿豆那比の罪』に関する一考察」では、阿豆那比の罪とは何なのか、いつごろからこれを男色の罪の初見とされたのかを、「二社祝者共合葬歟」の「二」「社」「祝」「合葬」の視点に分割し、詳細に検証している。ここで難波は田中良之の研究[4]を拠として、阿豆那比の罪を「他共同体で血縁関係にない人物同士の同棺合葬[5]」と述べ、さらに、以下のように指摘している。

> 伴信友の語義を採れば、「神が承諾なさる（事に関する）罪」となり、神が「二社祝者、共合葬歟」をタブーとして承諾しなかったことになる。そのタブーを掌る者であった祝が、破ったタブーを、神功皇后が紀直祖豊耳を使役して解消した。その意味で、神功皇后の巫女性が強調される一説話となり、神功皇后を顕彰する役割を果たす記事であったと言えるだろう[6]。

ちなみに、難波は「『阿豆那比の罪』は、当初から男色の罪とされてきたのではない。江戸時代後期に岡部東平という学者が言い出したものである。しかしその説は根拠に欠ける上、『男色行為』を

『罪』と捉える考えを底辺に持つ」[7]と指摘する。『嚶々筆語』を記した岡部東平は寛政五（一七九三）年から安政三（一八五六）年の間を生きたとされる。この寛政、享和、文化、文政、天保、弘化、嘉永、安政年間は円熟した町人文化が開花した時代である一方、自然災害による飢饉や度重なる反乱による政情不安、さらには国の根幹を揺るがす黒船来航にも見舞われた激動の時代であった。文化的自由の謳歌も認められる反面、緩んだ箍を締め直そうと、社会的綱紀の粛正が波状的に強いられ、幕府終焉から明治維新に向かっていく時勢のただなかにあった。

つまり、『日本書紀』に記された阿豆那比の罪を男色の罪と解釈するのは、江戸時代後期になされた綱紀粛正のための意図的な喧伝だったということになる。したがって、阿豆那比の罪とは同性愛ではなく、同棺合葬（他共同体で血縁関係にない人物同士）の罪と考えられる。

註

（1）田代陣基、山本常朝『葉隠　上』岩波書店、一九四〇年。『葉隠　中』岩波書店、一九四〇年。『葉隠　下』岩波書店、一九四〇年。三島由紀夫『葉隠入門』新潮社、一九八三年（光文社、一九六七年の再刊）参照。

（2）黒板勝美編輯『新訂増補　国史大系　日本書紀　前篇』吉川弘文館、一九六六年、二五二頁。

（3）同右、『新訂増補　国史大系　日本書紀　前篇』二五二頁。

（4）難波美緒は田中良之の研究成果として、『古墳時代親族構造の研究』（柏書房、一九九五）・『骨が語る古代の家族』（吉川弘文館、二〇〇八）・「古墳時代の家族・親族・集団」（『古墳時代の日本列島』青木書店、二〇〇三）・「人骨からみた古墳時代親族関係」（『考古学による日本歴史十五』雄山閣、一九九六）・「出土人骨から親族構造を推定する」（『新しい研究法は考古学に何をもたらしたのか（第二版）』クバプロ、一九九五）・「出土人骨を用いた親族構造研究」（『古代の日本十（研究資料編）』一九九三）を挙げている。

（5）難波美緒「『阿豆那比の罪』に関する一考察」『早稲田大学大学院文学研究科紀要　第四分冊』早稲田大学大学院文学研究科、二〇一三年、参照。

（6）同右、「『阿豆那比の罪』に関する一考察」参照。

（7）同右、「『阿豆那比の罪』に関する一考察」参照。

聖帝仁徳天皇

応神天皇の皇太子菟道稚郎子（ウヂノワキイラツコ）は、異母兄の大鷦鷯尊（オホサザキノミコト）を差し置いて、皇位に就くことを憚った。この大鷦鷯尊とは後の仁徳天皇である。『日本書紀』仁徳天皇元（三一三）年二月の条によれば、菟道稚郎子は「夫君天下以治万民者。蓋之如天。容之如地。上有驩心。以使百姓。百姓欣然。天下安矣。今我也弟之。且文献不足。何敢継嗣位登天業乎」（1）〝夫（そ）れ天下（あめのした）に君として、万民（おほみたから）を以て治（をさ）むる者（ひと）、蓋（いだきおほ）ふこと天（あめ）の如し、容（うけい）るること地（つち）の如し。上（かみ）、驩（よろこ）ぶる心有りて、以て百姓（おほみたから）を使（つか）ふ。百姓、欣然（よろこ）びて、天下安（やすらか）なり。今我は弟（いろと）なり。また文献足（さとり）らず。何ぞ敢へて嗣位（ひつぎのくらい）に継ぎて、天業（あまつひつぎ）に登らむや〟と述べ、皇嗣の位を大鷦鷯尊に譲り、自らいのちを絶ってしまう。

菟道稚郎子は上に歓ぶ心があって、百姓（おおみたから）を治めれば、百姓も喜んで農耕などの労働に勤しみ、天下の安寧も保たれるとして、寛容な君による百姓（おおみたから）の幸せを第一に考える。このため、菟道稚郎子は民の安寧をことごとく破壊する戦乱を憂い、自らのいのちを賭して、皇位継承争いを回避する。つまり、民の安寧を守るためならば、自己犠牲をいとわない皇子であったとされる。

即位した仁徳天皇（大鷦鷯尊）は亡き異母弟の意を継ぎ、聖帝と呼ばれるに至る。天皇は天候不良により炊煙の立ち昇らない百姓の家々を見て、五穀の不作による民の窮乏を察し、三年間課税を取りやめる。この間、仁徳天皇は自らの衣服や履物が破れるまで使い、食物を腐るまで捨てずに慎ましく過ごし、自ら住まう宮殿の垣や屋根が壊れても修理をせず、民の負担軽減に配慮する。しばらくの後に、民は五穀の豊饒に恵まれるようになる。その三年後、民の生活は潤い、炊煙も賑やかに立ち昇りはじめる。

仁徳天皇は民の富を自分の富と考え、皇位に就く理由を民のためだと明言する。一方、皇后の磐之媛命（イワノヒメノミコト）は宮殿の垣も修理できず、御殿の屋根も破れ、衣服もびしょ濡れになるような生活のどこに富があるのかと憂える。これに対し、仁徳天皇は「其天之立君。是為百姓。然則君以百姓為本。是以古聖王者。一人飢寒顧之責身。今百姓貧之。則朕貧也。百姓富之。則朕富也(2)」〝其れ天（あめ）の君（きみ）を立つるは、是（これ）百姓（おおみたから）の為になり。然れば則ち君は百姓を以て本（もと）と為す。是を以て、古への聖王（ひじりのおおきみ）は、一（ひと）りの人（ひと）も飢ゑ寒（こ）ゆるときには、これを顧みて身を責む。今百姓貧しきは、則ち朕が貧しきなり。百姓富めるは、則ち朕が富めるなり〟と答えている。これは「天が君主を立てるのは、百姓（おおみたから）のためであり、君は百姓をもって本とする。それゆえ、古の聖王は民が一人でも飢え凍えるならば反省し、自らの身を責めた。今、百姓が貧しければ、私も貧しく、百姓が富んでいるならば、私もそれを富とする」とのことである。天皇が〝民安かれ国安かれ〟と無私の姿勢を貫けるのは、皇后が天皇の日常生活を慮っているからである。天皇と皇后との関係は密接であるからこそ、その役割も自ずと別なものになっていく。

『日本書紀』によれば、大鷦鷯尊は〝仁〟〝徳〟の名（諡号）にふさわしい天皇として描かれている。そもそも歴史書とは、その書き手側に都合のいいことを並べ立てるのが常である。理想としては客観的な史料批判を経て、過去の事象について筋道を立てながら叙述していく学問的作業仮説が歴史学である。残念ながら、現実には政治的強者による戦略や客観性を欠く願望の物語が一緒くたになって歴史を語ることが多い。歴史と銘打った自画自賛の物語など、古今東西枚挙に暇がない。それはそれとして、『日本書紀』に記された仁徳天皇は〝聖帝〟として讃えられる一方、女性関係のスキャンダルにまみれた横顔も書き残されている。古来〝英雄色を好む〟ともいう。過去の英雄が残した恋愛の情趣や情緒を色好みとして一蹴しないところが自画自賛に留まらぬ『日本書紀』の面白さである。

天皇が皇后磐之媛命（イワノヒメノミコト）の激しい嫉妬に気兼ねしつつ、強かに交わした玖賀媛（クガヒメ）との情愛は、玖賀媛の死をもって幕を閉じる。しかし、天皇の恋愛体質がこれで萎（しお）れてしまうことはない。次なる〝思われ人〟は異母妹の八田皇女（ヤタノヒメミコ）である。仁徳天皇二十二（三三四）年正月、天皇は八田皇女を妃として迎え入れたい旨を皇后に語る。しかし、皇后はこれを頑として認めない。皇后とはいわゆる天皇の正妻であり、妃とは皇后に次ぐ后妃の身分である。ここから、皇后を説得したい天皇と、妃の入内を認めない皇后との歌の応酬が展開する。

天皇は「于磨臂苔能。多菟屢虚等太氏。于磋由豆流。多曳麼菟餓務珥。奈羅陪氏毛餓望(3)」〃貴人の立つる言立　設弦　絶えば継がむに　並べてもがも〃との歌を詠む。天皇は「貴人の言立てによれば、設えた弓の弦が絶えても、すぐに継いでいくように、皇女を並べておきたいものだ」という。つまり、皇后が留守のとき、具合の悪いときにでも、不自由のないようにストックとして妃を揃えておきたいというのである。

これに対し皇后は「虚呂望虚曾。赴多弊茂豫耆。瑳用廼虚烏。那羅陪務耆瀰破。箇辞古耆呂箇茂(4)」〃衣こそ　二重もよき　さ夜床を　並べむ君は　畏きろかも〃との歌を詠む。皇后は「衣服ならば二枚重ねもよいですが、夜床を並べようとするあなたは恐ろしいですね」と衣服と女体を比している。この皇后の返しは秀逸である。ただし、天皇は何も三人での夜床を強要している訳ではない。問題は皇后に対する配慮である。新たに妃を迎えれば、夫婦二人の空間や時間は必然的に減ってしまう。天皇の寵愛を一身に受けたいというのも皇后の性である。代替の皇女を並べ置きたいとする天皇の提案は、畏れ入るほど皇后に対する配慮を欠いている。

天皇は「於辞氏屢。那珥破能瑳耆能。那羅弭破莽。那羅陪務苔虚層。曾能古破阿利鶏梅(5)」〃おしてる　難波の崎の　並び浜　並べむとこそ　その子はありけめ〃との歌を詠み、皇后に反撃を食らわす。「おしてる」は「難波」の枕詞である。ここで天皇は「難波の崎の並び浜、皇后と並び立てるように、その子は生きてきたであろうに」という。つまり、天皇は八田皇女が皇后磐之媛命と並び立つことを夢見て生きてきたのだから、皇女を無碍にしては可哀そうだと、皇后に同情を求めてきたのである。

皇后は若い皇女と見比べられるであろう日々の生活に絶望し、嫉妬心を深めていった。

それでも、皇后は「那莵務始能。臂務始能虚呂望。赴多弊耆氐。箇区瀰夜儴利破。阿弭豫区望阿羅儒[6]」〝夏蚕(なつむし)の　蛾(ひむし)の衣　二重(ふたへ)着て　囲(かく)み宿(やだ)りは　豈(あに)よくもあらず〟との歌を詠む。皇后は「夏蚕が繭(まゆ)を二重に囲って宿るのは、決してよくはないことです」と強い否定の意を表し、養蚕の弊害に託けて、八田皇女の入内に一人抗う。

天皇は「阿佐豆磨能。避箇能烏瑳箇烏。箇多那耆弭。瀰致喩区茂能茂。多愚譬氐序豫枳[7]」〝朝妻の避介(ひか)の小坂(をさか)を　片(かた)泣きに　道行く者も　偶(たぐ)ひてぞよき〟との歌を詠む。これは「朝妻の避介の小坂を一人泣きながら道行く人も、連れがあればよいことだ」という意である。ちなみに、磐之媛命は皇族以外の身分で最初に皇后となった女性とされている。ただし、父方の祖父の武内宿禰(タケシウチノスクネ)が孝元天皇の曾孫であるため、磐之媛命も孝元天皇男系五世の孫ということになる。

朝倉とは現在の奈良県御所市で、この辺りは磐之媛命の実家である葛城氏の勢力範囲とされている。磐之媛命の父は葛城襲津彦(カツラキノソツヒコ)である。斜に構えてみるならば、この朝倉の実家に返されて独り泣いて暮らすより、皇女とともに後宮で暮らす方がいいだろうと、天皇が皇后を威迫しているようにさえ思える。これに対し、皇后は聴く耳を持たず、これ以後、この件について黙して返答することはなかった。

仁徳天皇三十年九月、皇后は料理を盛る御綱柏(みづなかしわ)の葉を採りに紀伊国の熊野の岬に出かける。天皇は皇后の留守を見計らって、皇女を大宮に引き入れ情事に及ぶ。このような醜聞は誰かしらの注進によってすぐに露見する。皇后は天皇を慕うあまり、その裏切りに激昂し、採った葉をすべて海に捨て、天皇との別居を決意する。

その間、天皇は「夜莽之呂珥。伊辞鶏苔利夜莽。伊辞鶏之鶏。阿餓茂赴菟摩珥。伊辞枳阿波牟伽茂[8]」〝山城に い及け鳥山 い及け及け 吾が思う妻に い及き会はむかも〟と詠み、皇后は「菟芸泥赴。揶莽之呂餓波烏。箇破能朋利。涴餓能朋例麼。箇波区莽珥。多知瑳箇踰屢。毛毛多羅儒。揶素麼能紀破。於朋耆瀰呂箇茂[9]」〝つぎねふ 山城川を 川上り 我が上れば 川隈に 立ち栄ゆる 百足らず 八十葉の木は 大君ろかも〟と詠む。このように、互いを思いやりながらも、天皇との和解が果たされぬまま、皇后磐之媛命は山城の筒城宮で崩御する。

その後、思われ人の八田皇女は皇后として迎えられるが、仁徳天皇の性愛は留まることなく続いていく。仁徳天皇は新皇后の同母妹であり、自身の異母妹でもある雌鳥皇女に食指が動く。この八田皇女と雌鳥皇女の姉妹は、仁徳天皇に皇位を譲り自死した菟道稚郎子の同母妹たちである。

仁徳天皇は雌鳥皇女との恋を成就させるため、策をめぐらせ、異母弟の隼別皇子を仲立ちとする。しかし、この隼別皇子と雌鳥皇女が恋に落ちてしまうのだ。すわ恋の修羅場かと思いきや、さすがの聖帝仁徳天皇も兄弟の義を慮り、私憤に任せて隼別皇子を罰することはなかった。

しかし、後に天皇は怒りを爆発させる。皇子の舎人らが「破夜歩佐波。阿梅珥能朋利。等弭箇慨梨。伊菟岐餓宇倍能。娑弉岐等羅佐泥[10]」〝隼は 天に上り 飛び翔り 斎場が上の 鷦鷯取らさぬ〟と歌を詠み、皇子の名のハヤブサ（ハヤブサ目ハヤブサ科の猛禽類）を持ち上げ、天皇の名のサザキ（スズメ目ミソサザイ科の小鳥）を揶揄したのである。名を汚すということはその名を呪にかけるのに等しい。

天皇は仲睦まじく神宮参りに旅立った皇子と皇女に刺客を差し向ける。皇子たちは辛くも難を逃れ、「破始多氏能。佐餓始枳椰摩茂。和芸毛古等。赴駄利古喩例麼。椰須武志呂箇茂」(11)〝梯立の　嶮しき山も　我妹子と　二人越ゆれば　安度かも〟と、二人の将来の安寧を詠むものの、すぐに刺客に捕らえられ、殺されてしまう。性愛をめぐるこうした所業は、民を慮った聖帝のもう一つの顔である。

註

（1）黒板勝美編輯『新訂増補　国史大系　日本書紀　前篇』吉川弘文館、一九六六年、二八九頁。
（2）同右、『新訂増補　国史大系　日本書紀　前篇』二九七頁。
（3）同右、『新訂増補　国史大系　日本書紀　前篇』三〇二頁。
（4）同右、『新訂増補　国史大系　日本書紀　前篇』三〇二頁。
（5）同右、『新訂増補　国史大系　日本書紀　前篇』三〇二頁。
（6）同右、『新訂増補　国史大系　日本書紀　前篇』三〇二頁。
（7）同右、『新訂増補　国史大系　日本書紀　前篇』三〇二、三〇三頁。
（8）同右、『新訂増補　国史大系　日本書紀　前篇』三〇三
（9）同右、『新訂増補　国史大系　日本書紀　前篇』三〇四
（10）同右、『新訂増補　国史大系　日本書紀　前篇』三〇八頁。
（11）同右、『新訂増補　国史大系　日本書紀　前篇』三〇九頁。

木梨軽皇子と軽大郎皇女との近親相姦

『日本書紀』允恭天皇二十三（四三四）年三月の条によれば、允恭天皇の皇太子である木梨軽皇子(キナシノカルノミコ)は同母妹の軽大郎皇女(カルノオホイラツメ)と道ならぬ恋に落ちる。美男美女であったとされるこの兄妹は禁忌故の情愛の果てに、死をも恐れぬ境地へと踏み入っていく。

比較的に性に対し大らかであった古代の日本とはいえ、さすがに同母の兄弟姉妹による近親相姦は禁忌とされていた。このため、木梨軽皇子は妹を思慕し続けながらも、罪を恐れ、その思いを心の奥底に抑え込んでいた。しかし、抑えれば抑えるほど、思いは増すばかりで、この愛を遂げられぬまま空しく死ぬよりも、刑死もいとわぬと妹に求愛し、その思いを遂げてしまう。

このとき、木梨軽皇子が詠んだ歌は「阿資臂紀能。椰摩娜烏免絢利。椰摩娜箇弥。斯哆媚烏和之勢。志哆那企貳。和餓儺勾兎摩。箇哆儺企貳。和餓儺勾兎摩。去鐏去曾。椰主区泮娜布例」(1)〝足引(あしひき)の　山田を作り　山高み　下樋(したひ)を走せ(わし)　下泣(したなき)に　我が泣く妻　片泣(かたなき)に　我が泣く妻　昨夜(こぞ)こそ　安く肌触れ〟とされている。「足引き」は山の枕詞である。この歌は心の奥底に秘めた思いが水流となって大地に広がっていく様を詠んでいる。歌の意味は「山田を作ると、山は高いので十分に水が行き渡らない、このため地下に下樋を走らせる。その下樋のように、あなたを慕って密かに通い求愛した我が妻よ、密かに恋慕って忍び泣く我妻よ、昨夜こそは　安らかにその肌に触れることができたよ」である。この歌からは憂鬱な時を抜けて、互いの思いを確かめ合うことができたという達成感や幸福感を窺うことができる。

皇子と皇女が関係を持った後、年を越し、夏になると、允恭天皇の羹（あつもの）の椀の汁が凍りつくという珍事が起こる。〝内に乱（罪）あり〟という占いの結果、木梨軽皇子と軽大郎皇女との情事が露見してしまう。当然、宮中は蜂の巣をつついたような大騒ぎとなり、審議も行われるが、禁忌を破ったとはいえ、皇太子の木梨軽皇子の処刑は難しいと忖度され、軽大郎皇女が伊予に流されることになる。こうして二人は思いを遂げるも離れ離れにさせられてしまう。

このとき、皇子は「於褒企弥烏。志摩珥波夫利。布儺阿摩利。異餓幣利去牟鋤。和餓哆哆弥由梅。去等烏許曾。哆哆弥等異絆梅。和餓兎摩烏由梅」(2)〝大君を　島に放（はう）り　舟余り　い帰り来むぞ　我が畳ゆめ　言（こと）をこそ　畳と言はめ　我が妻をゆめ〟との歌を詠む。「大君を島へ放逐しても、舟が満員で乗ることができず、きっと帰ってくるだろう。畳を潔斎して待っていなさい。言葉では畳というけれど、実は我が妻よ。潔斎して待っていなさい」との意味である。『日本書紀』では、伊予に配流されるのは軽大娘皇女とされているが、この歌によると、伊予に配流されるのは軽大郎皇女ではなく、木梨軽皇子のように読み取れる。ちなみに、『古事記』では、伊予に流されるのは皇子である。

さらに、皇子は「阿摩儴霧。箇留惋等売。異哆儺介麼。臂等資利奴陪瀰。幡舎能夜摩能。波刀能資哆儺企邇奈勾」(3)〝天（あま）だむ　軽（かる）乙女　いた泣かば　人知りぬべし　波佐（はさ）の山の　鳩の下泣きに泣く〟との歌を詠む。この歌は「軽乙女（軽大郎皇女）よ、そのように泣いていては、人に知られてしまうよ、波佐の山の鳩のようにもっと忍んで泣きなさい」との意である。皇子の代わりに流される皇女はどんなに心細いだろう。本当に哀れである。これに対し、皇子はあまりに冷淡なようにも思えてしまう。これも流される立場を入れ替えて解釈し、〝流される私のことを心配して泣かなくても大丈夫だよ。少しの間、我慢してね〟という意味に解釈すると腑に落ちる。そもそも二人の仲はすでに露見しているため、人に知れることを憚る理由もない。

皇太子である木梨軽皇子を尊重し、軽大娘皇女の伊予配流を記した『日本書紀』の記述内容によると詠歌の意と整合性が取れない。したがって、伊予に配流されたのは木梨軽皇子でなければ、矛盾が生じてしまう。こうした操作は皇太子の配流という不名誉を記述に残すまいとする『日本書紀』編纂者の思惑が関係しているのかもしれない。

『日本書紀』安康天皇即位前紀・允恭天皇四十二（四五三）年十月の条には、「太子行暴虐。淫于婦女[4]」〝太子(ひつぎのみこ)、暴虐(あらくさかしまなるわざ)行(し)て。婦女(をみな)淫(たは)けたまふ〟と木梨軽皇子について記されている。これは安康天皇の即位を正当化するために、木梨軽皇子を悪人として明記しておく必要があったからだろう。近親相姦という禁忌を破った木梨軽皇子は群臣や世情の支持を失い、弟の穴穂皇子（安康天皇）との皇位継承争いに敗れ自死する。

『古事記』と『日本書紀』の記述には、この兄妹の関係に多少の相違があり、『古事記』の方がより詳細に描かれている。『古事記』では、その身の光が衣を通して見えるほど妙艶な軽大郎女は衣通(ソトホリノ)郎女(イラツメ)と呼ばれていた。これに対し、『日本書紀』では、衣通郎姫は允恭天皇の皇女ではなく、皇后の妹の弟姫としている。

『古事記』に記された皇子もより大胆に描かれている。「佐佐婆爾。宇都夜阿良礼能。多志陀志爾。韋泥弖牟能知波。比登波加由登母。宇流波斯登。佐泥斯佐泥弖婆。加理許母能。美陀礼婆美陀礼。佐泥斯佐泥弖婆」(5)〝小竹葉に　打つや霰の　たしだしに　率寝てむ後は　人は離ゆとも　愛しと　さ寝しさ寝てば　刈薦の　乱れば乱れ　さ寝しさ寝てば〟歌中の「刈薦の」は乱れの枕詞である。この歌意は「笹の葉に霰が打ちつけ、ザーザーと音を立てるように、人々が噂を流し、とやかく騒ぎ立てようとも、こうして一緒に寝てしまったのだ。周りの人々が離反しようとも、愛し合っているのだから、このように一緒に寝乱れてしまっても構わない」と詠んでいる。

『古事記』では、木梨軽皇子と軽大娘皇女の関係が露見するのは允恭天皇崩御後とされている。禁忌を破った木梨軽皇子に、群臣はじめ人々の信は集まらず、次期天皇への待望は弟の穴穂皇子（安康天皇）に集中する。果然として、両者の関係は権力闘争に及んでいく。したがって、木梨軽皇子が捕縛された遠因は近親相姦による禁忌破りだとしても、その近因は穴穂皇子との闘争に敗北したことを意味している。

このとき詠んだ木梨軽皇子の歌が前掲の『日本書紀』の歌とほぼ同じ「阿麻陀牟。加流乃袁登売。伊多那加婆。比登斯理奴倍志。波佐能夜麻能。波斗能。斯多那岐爾那久」(6)〝天だむ　軽の乙女　いた泣かば　人知りぬべし　波佐の山の　鳩の　下泣きに泣く〟である。『古事記』では、これに続いて「阿麻陀牟。加流袁登売。志多多爾母。余理泥弖登富礼。加流袁登売杼母」(7)〝天だむ　軽乙女　したた

にも　寄り寝てとおれ　軽乙女とも〟と詠まれている。この歌意は「軽乙女（軽大娘皇女）よ、しっかりと寄り添って寝ていなさい。そうだよね軽乙女よ」である。『古事記』の木梨軽皇子の方がどことなく頼もしい。

前述のように、『古事記』では、この後、伊予に配流されるのは軽大娘皇女ではなく、木梨軽皇子とされている。このため、木梨軽皇子は別れ行く軽大娘皇女に「阿麻登夫。登理母都加比曾。多豆賀泥能。岐許延牟登岐波。和賀那斗波佐泥(8)」〝天飛ぶ　鳥も使ひぞ　鶴が音の　聞こえむときは　我が名問はさね〟と歌を詠む。この意味は「空飛ぶ鳥も使いになるよ。鶴の鳴き声が聞こえたときには、その鶴に私の名を問うてごらん。そうすればその鶴が私たちの間を取り持ってくれるよ」との歌意である。この歌には、寂しい思いをしている軽大娘皇女を気遣う木梨軽皇子のやさしさが滲んでいる。

これに対する軽大娘皇女の詠歌は「那都久佐能。阿比泥能波麻能。加岐賀比爾。阿斯布麻須那。阿加斯弖杼富礼(9)」〝夏草の　あひねの浜の　蛎貝に　足踏ますな　明かして通れ〟である。「夏草」は寝の枕詞とされている。この歌意は「夏草が生い茂る逢寝の浜にある牡蛎の貝殻を足で踏んで怪我をされぬように、夜が明けてからお通りください」である。あひね（逢寝）の具体的な地名は不詳。したがって、この〝逢寝の浜〟は愛の営みのイメージなのだと考えられる。この歌からも軽大娘皇女の性愛に向けられた積極的な意志を読み取ることができる。

この後、軽大娘皇女はより赫然とした歌を詠む。「岐美賀由岐。気那賀久那理奴。夜麻多豆能。牟加閇袁由加牟。麻都爾波麻多士(10)」〝君が行き　気長くなりぬ　やまたづの　迎えを行かむ　待つには待たじ〟この歌の「やまたず」は接骨木を意味している。この接骨木の葉は対になっているため、迎えの枕詞とされている。この歌は「あなたが伊予に行ってしまって、随分ときが経ってしまいました。私たちはやまたづの葉のように、いつも一緒にいたいですよね。あなたが帰ってこられないならば、私の方から迎えに参ります。もう待ってなどいられません」と詠んでいる。我慢を重ね、ときが経つごとに思いは募り、木梨軽皇子に対する軽大娘皇女の情愛は逢うことができない分、より拍車がかかっていく。

軽大娘皇女は倒れては、また立ち上がり、ひたすらに遠い伊予を目指す。こうした軽大娘皇女の姿を思い浮かべながら、木梨軽皇子は「許母理久能。波都世能夜麻能。意富袁爾波。波多波理陀弖。佐袁袁爾波。波多波理陀弖。意富袁爾斯。那加佐陀売流。淤母比豆麻阿波礼。都久由美能。許夜流許夜理母。阿豆佐由美。多弖理多弖理母。能知母登理美流。意母比豆麻阿波礼」[11]〟こもりくの　泊瀬の山の大峰には　幡張り立て　さ小峰には　幡張り立て　大小にし　仲定める　思ひ妻あはれ　槻弓の臥やる臥やりも　梓弓　起てり起てりも　後も取り見る　思ひ妻あはれ〟との歌を詠む。「こもりく」は泊瀬の枕詞。「大小にし」は仲の枕詞。「槻弓」は臥の枕詞。「梓弓」は起の枕詞である。この歌は「泊瀬の山の大峰に旗を張り立て、小峰に旗を張り立てて、互いの仲を確かめ合ったよね、愛する妻よ。病に臥しているときも、健やかに起てるときも、これから後もずっと見守っているよ。愛おしい妻よ」と永遠の愛を誓っている。

続いて、木梨軽皇子は「許母理久能。波都勢能賀波能。加美都勢爾。伊久比袁宇知。斯毛都勢爾。

麻久比袁宇知。伊久比爾波。加賀美袁加気。麻久比爾波。麻多麻袁加気。麻多麻那須。阿賀母布伊毛。加賀美那須。阿賀母布都麻。阿理登伊波婆許曾爾。伊幣爾母由加米。久爾袁母斯怒波米」[12]〝こもりくの　泊瀬の河の　上つ瀬に　斎杙を打ち　下つ瀬に　真杙を打ち　斎杙には　鏡を掛け　真杙には真玉を掛け　真玉如す　我が思ふ妹　鏡如す　我が思ふ妻　ありと言はばこそに　家にも行かめ　国をも偲ばめ〟と歌を詠む。

これは「泊瀬川の上の瀬に神聖な斎杙を打ち、下の瀬には立派な真杙を打ち、斎杙には鏡を掛け、真杙には宝玉を掛ける。私は宝玉のような我が妹を想い。鏡のような我が妻を想う。こうした妻がいればこそ、家にも行く（帰る）し、国をも偲ぶことができるというものだ」という意である。この歌は愛する妻がいなければ、家も国も意味がないと謳い、家よりも国よりも妻を第一とする究極の愛を詠んでいる。

こうして、木梨軽皇子と軽大娘皇女は再会を果たし、燃えるように愛を確かめ合い、自らいのちを絶ってしまう。この伝承は禁忌とされる近親相姦の罪を犯しながらも、その愛を貫き通した兄妹の悲劇ともいえよう。ただし、木梨軽皇子と軽大娘皇女は今を生き、今このときの陰陽の交わりを歓びとして確信的に生き抜いた。こうした強かな性愛の有り様も古典にしっかりと書き残されていることを尊重したい。そもそも木梨軽皇子らの死は近親相姦を罰せられたものではなく、穴穂皇子（安康天皇）との皇位継承争いによる皇位（皇太子の位）の簒奪だった。この後、穴穂皇子は安康天皇として即位を果たすも、日本で最初に暗殺される天皇として国書にその名を刻むことになる。

註

(1) 黒板勝美編輯『新訂増補　国史大系　日本書紀　前篇』吉川弘文館、一九六六年、三四八頁参照。
(2) 同右、『新訂増補　国史大系　日本書紀　前篇』三四八頁。
(3) 同右、『新訂増補　国史大系　日本書紀　前篇』三四八、三四九頁参照。
(4) 同右、『新訂増補　国史大系　日本書紀　前篇』三五〇頁。
(5) 黒板勝美編輯『新訂増補　国史大系　古事記　先代旧事本紀　神道五部書』吉川弘文館、一九六六年、一二六頁参照。
(6) 前掲の『新訂増補　国史大系　古事記　先代旧事本紀　神道五部書』一二七頁。
(7) 同右、『新訂増補　国史大系　古事記　先代旧事本紀　神道五部書』一二七頁。
(8) 同右、『新訂増補　国史大系　古事記　先代旧事本紀　神道五部書』一二七頁。
(9) 同右、『新訂増補　国史大系　古事記　先代旧事本紀　神道五部書』一二七頁。
(10) 同右、『新訂増補　国史大系　古事記　先代旧事本紀　神道五部書』一二七、一二八頁。
(11) 同右、『新訂増補　国史大系　古事記　先代旧事本紀　神道五部書』一二八頁。
(12) 同右、『新訂増補　国史大系　古事記　先代旧事本紀　神道五部書』一二八頁。

安康・雄略・清寧・顕宗・仁賢天皇の時代

安康天皇は、後に雄略天皇となる弟の大泊瀬皇子（オオハツセノミコ）と、草香幡梭皇女（クサカノハタビノヒメミコ）とを結婚させようと、皇女の兄の大草香皇子（オホクサカノミコ）のもとへ根使主（ネノオミ）を遣わせる。重い病を患う大草香皇子は草香幡梭皇女の将来を案じ、この縁談をいたく喜び、家宝の押木珠縵（おしきのたまかずら）を安康天皇に献上する。しかし、根使主は大草香皇子から託された押木珠蘰を騙し取ろうと目論み、大草香皇子が〝同族であろうと妹はやれぬ〟といい、勅命に従わなかったと讒言（ざんげん）する。

安康天皇は根使主の言葉を鵜呑みにし、兵を遣わして、怒りのままに大草香皇子を攻め殺してしまう。そのうえで、草香幡梭皇女を大泊瀬皇子と結婚させ、さらに、大草香皇子妃の中蒂姫命（ナカシヒメノミコト）を宮中に招き、自らの妃とし、後に、皇后とする。中蒂姫命は大草香皇子との間に眉輪王（マヨワノオホキミ）を儲けていたが、この王子は母の縁で父の罪を許され、宮中で育てられていた。

天皇は宮中で酒宴を催し、酔いが回って心地よくなり、寵愛する皇后に心を許し、天皇自身が眉輪王に恐れを抱いている旨を打ち明ける。いうまでもなく、眉輪王にとって、安康天皇は父の仇に他ならない。偶然に楼の下で遊んでいた眉輪王はその話をすべて聞いてしまう。これにより、安康天皇三（四五六）年八月、眉輪王は皇后の膝枕で昼寝をしている天皇を刺殺してしまう。

安康天皇暗殺の報を聞いた大泊瀬皇子（雄略天皇）は直ちに皇位継承争いの先手を打つ。手始めに、天皇暗殺とは無関係の同母兄八釣白彦皇子（ヤツリシロヒコノミコ）に嫌疑をかけて切り殺す。『古事記』によれば、八釣白彦皇子は生き埋めにされ、圧力によって両目の眼球が飛び出したと記されている。皇位継承のためとはいえ、無実の兄に対する大泊瀬皇子の残忍な仕打ちは、後の雄略天皇の悪辣な性格を印象づけている。

次いで大泊瀬皇子は、またも同母兄の坂合黒彦皇子（サカアイノクロヒコノミコ）と従兄弟の眉輪王を詰問する。ここで眉輪王は、自ら皇位を望む野心はなく、ただ父の仇に報いただけだと弁明する。その後、大泊瀬皇子は坂合黒彦皇子と眉輪王が逃げ込んだ葛城円大臣（カツラギノツブラノオホキミ）邸を取り囲む。このとき、大臣は皇子らを庇い、助命嘆願をするも聞き入れられず、大泊瀬皇子によって、大臣諸共に屋敷ごと灰燼と化す。

允恭天皇の皇子皇女は悲劇的な最期と遂げている。第一皇子の木梨軽皇子と第二皇女の軽大娘皇女は愛欲の果てに第三皇子の穴穂皇子（安康天皇）に追い詰められ自死（他説あり）に及ぶ。その第三皇子は幼少の従兄弟に仇討される。第四皇子の八釣白彦皇子は第五皇子の大泊瀬皇子（雄略天皇）に切られ、あるいは生き埋めにされる。第二皇子の坂合黒彦皇子は従兄弟の眉輪王とともに第五皇子に焼き殺されてしまうのだ。

同母兄たちを弑逆した第五皇子の大泊瀬皇子（雄略天皇）の謀略は続く。履中天皇の第一皇子で大泊瀬皇子の従兄弟に当たる市辺押磐皇子は、安康天皇にも覚えめでたい皇子であった。大泊瀬皇子はこの市辺押磐皇子を狩りに誘い出し、弓で射殺してしまう。これを知った市辺押磐皇子の御子、億計と弘計の兄弟は播磨に逃れ、そこで行方不明になる。

即位した雄略天皇は暴君として世に知られ、その評判は「天皇以心為師。誤殺人衆。天下誹謗言。太悪天皇也」[1]〝天皇、心を以て師となす。誤って人を殺すこと衆し。天下、誹謗りて言く。太悪天皇なり〟と記されている。つまり、物事を独善的に専決する雄略天皇は誤って人を殺すことも多く、天下の人々から〝太悪天皇〟と誹謗されたという。

『日本書紀』雄略天皇二（四五八）年七月の条によれば、雄略天皇が宮中に召そうとしていた百済の池津媛は、すでに石河楯と通じていた。これを知った天皇は激怒して、大伴室屋大連に命じ、来目部を使い、若い夫婦を処刑する。「張夫婦四支於木。置仮庪上。以火焼死」[2]〝夫婦の四支を木に張りて、仮庪（さずき）の上に置かしめて、火を以て焼き死（ころ）しつ〟とは、その様子を示した記録である。石河楯と池津媛夫婦は捕えられ、四肢を木に張りつけられ、桟敷に置かれて焼き殺されてしまう。

『日本書紀』雄略天皇二（四五八）年十月の条によれば、天皇は狩猟で獲た新鮮な獣の肉を、群臣たちとともに分かち合い、狩場で料理するのも楽しかろうと、この是非を群臣たちに問う。これは今でいうならジビエの誘いであり、BBQ（バーベキュー）の先駆けだったのだろう。しかし、真意を図りかねた群臣たちはその問いに即答することができなかった。これに怒った天皇は太刀を抜いて御者の大津馬飼（おほつのうまかい）を斬ってしまう。

こうした悪評について、皇太后中蒂姫命は天皇の真意が群臣たちに伝わらなかったのだと天皇を慰め、今後、狩場には料理人を同道させるように提案する。皇太后はこれに喜ぶ天皇を見て、自らも悦び微笑んだという。ただし、この皇太后は自らの子である眉輪王を雄略天皇に焼き殺された悲劇の母親でもある。

『日本書紀』雄略天皇五（四六一）年二月の条によると、天皇は猪を恐れ木に登って逃げた舎人を斬ろうとする。これを知った皇后草香幡梭姫皇女は嘆き悲しみ天皇を諫めた。天皇は「皇后不与天皇而顧舎人」[3]〝皇后は天皇に与（くみ）せずして、舎人を顧みむ〟と、皇后が舎人ばかりを顧みて、自らに味方しないと不満をぶつける。これに対し、皇后は「国人皆謂。陛下安野而好獣。無乃不可乎。今陛下以嗔猪故而斬舎人。陛下譬無異於豺狼」[4]〝国人（くにひと）皆謂（まう）さく。陛下（きみ）、安野（かり）して獣（しし）を好む。むしろよからざるか。今、陛下が嗔（いかりい）猪の故を以て、舎人を斬らば、陛下は譬へば豺狼（やまいぬおおかみ）に異なることなし〟と天皇を諫める。つまり、「国民は皆いうでしょう。陛下は狩りをして獣を好む。これはよくないことでしょう。陛下が猪の件で、怒りのままに舎人を斬ってしまわれるなら、たとえば、陛下は山犬や狼と異なることはありません」というのだ。

これを聞いた天皇は〝万歳(よろづよ)〟と喜び、「楽哉。人皆猟禽獣。朕猟得善言而帰」[5]〝楽しきかな。人は皆禽獣(とりしし)を猟(か)る。朕(われ)は善言(よきこと)を猟り得て帰る〟と素直に諫言を受け入れた。つまり、人は猟で禽獣を得るものだが、自分（朕）は皇后の素晴らしい言葉を得て帰ることができたと喜んでいるのだ。

皇后は安康天皇に兄を殺されながらも、雄略天皇に嫁した草香幡梭姫皇女である。こうした過去を背負いながら、常に雄略天皇を支え、寄り添い、ときとして、天皇を諫めることもできた。天皇も皇后を愛し、皇后を信じ、心の支えとした。憎しみ怨みを水に流し、慈愛に満ちた皇后あるいは皇太后の存在は、荒ぶる雄略天皇の心を深く鎮めることができたのだろう。何より群臣はじめ国民の心の支えにもなっていた。民衆は移り気であり、雄略天皇を〝太悪天皇〟と恐れる一方で、雄略天皇が一言(ヒトコト)主神(ヌシノカミ)と狩りを楽しむ姿を見て〝有徳天皇〟と称えもした。

〝有徳〟の雄略天皇も、〝聖帝〟の仁徳天皇と同様に皇后一筋などということはなく、女性関係の派手な天皇でもある。童女君(ヲミナキミ)は春日和珥臣深目(カスガノワニノオミフカメ)の娘であり、元は采女(うねめ)であった。『日本書紀』雄略天皇元（四七五）年三月の条によると、雄略天皇はこの童女君と一夜の関係を持つ。これにより、童女君は孕み、女子を出産する。しかし、雄略天皇はこれに疑念を抱き、その子の養育を拒否する。やがて、ヨチヨチ歩きをする少女の姿を見た人々は、その少女が天皇によく似ていると噂するようになる。その一人が物部目大連である。

物部目大連がことの子細を天皇に訊ねる。すると、天皇は「……。然朕与一宵而脤。産女殊常。由是生疑(6)」〝……。しかれど、朕、一宵与はして脤めり。女産むこと常に殊なり。是に由りて疑を生せり〟と答える。雄略天皇は童女君の一夜限りの妊娠に疑念を持ったのである。血液検査もＤＮＡ検査もない時代、子どもの本当の父親を知り得るのは母親のみである。男が女の妊娠に他の男の影を見て疑念を抱くのは、自らの子孫の不確実性への不安である。妊娠の疑念といえば、瓊瓊杵尊と鹿葦津姫（木花開耶姫）の一夜妊娠が思い浮かぶが、こちらは一夜で妊娠が分かるということであり、一夜限りの交わりで妊娠したことを疑う雄略天皇の状況とは趣が違う。したがって、物部目大連が立ち入った質問に及ぶのも重臣として当然の行為であろう。

物部目大連は「然則一宵喚幾廻乎(7)」〝しからばすなわち、一宵に幾廻か喚ししや〟と問う。天皇は「七廻喚之(8)」〝七廻喚き〟と答える。一晩に七度も営んでおいて、童女君の妊娠を疑い、生まれた女児を認知しないとは、天皇もなかなか無体である。

なるほど、呆れ気味な物部目大連は「此娘子以清身意奉与一宵。安輙生疑嫌他有潔。臣聞。易産腹者。以褌触体。即便懐脤。況与終宵而妄生疑也(9)」〝この娘子、清き身、意を以て、一宵与へ奉れり。安ぞ輙く疑を生し、他の潔く有るを嫌いたまわんや。臣、聞く。産腹み易き者は、褌を以て体に触ふに、すなわち懐脤みぬと。況や終宵に与はして、妄りに疑を生したまふ〟と、天皇に諫言する。物部目大連が開口一番、童女君の名誉に気配りを見せたことは秀逸である。大連は「この娘子は清き身と心をもって、陛下に一夜を捧げたのです。それにもかかわらず、どうして、こうも易々とその潔い心に嫌疑などかけられるものでしょうか。私が聞くところによりますと、妊娠しやすい人は褌(ふんどし)が体に触れただけで孕むそうですよ。いうに及ばず、一晩中、七度も及んでおいて、娘子が孕んだ子を妄りに自分の子ではないなどと疑いをかけるのはいかがなものでしょうか」という。

男の褌に触れただけで女が妊娠するかどうかは別として、この物部目大連の諫言によって、童女君は妃として迎えられ、女の子は皇女として認知された。この皇女が後に仁賢天皇皇后となる春日大娘(カスガノオホイラツメノヒメミコ)皇女である。この春日大娘皇女は継体天皇の皇后で、欽明天皇の母となる手白香皇女(タシラカノヒメミコ)、宣化天皇の皇后で石姫皇女の母となる橘皇女(タチバナノヒメミコ)、そして、武烈天皇を生んでいる。このうち手白香皇女の血脈は現在の皇統にも流れている。つまり、物部目大連が雄略天皇に諫言することがなければ、童女君の嫌疑は晴れず、その子が春日大娘皇女として認知されることもなかった。運命というものは複雑で深遠なものである。

ところで、ここにも運命的な話がある。父の市辺押磐皇子を大泊瀬皇子（雄略天皇）に謀殺され、播磨に逃れ、行方知れずとなっていた億計(オケ)と弘計(ヲケ)の兄弟は、雄略天皇崩御の後、雄略天皇第三皇子の清寧天皇によって探し当てられ、丁重に宮中に迎えられている。御子のないことを憂慮していた清寧天皇は履中天皇につながる億計(オケ)と弘計(ヲケ)兄弟の存在を知り、兄弟の辛い境遇を慮り、嘆息しながらも、「懿哉。悦哉。天垂博愛。賜以両児」[10]〝懿(よ)きかな。悦(よろこば)しきかな。天は博(おお)いなる愛(めぐみ)を垂れ、賜ふに両(ふたりの)児(こ)を以てせり〟と、大いに喜んだという。後に弟の弘計は顕宗天皇として、次いで兄の億計は仁賢天皇としてそれぞれ即位する。

顕宗天皇は父（市辺押磐皇子）の仇である雄略天皇の陵を破壊し、骨を砕いて撒き散らしたいという激情を兄の皇太子（後の仁賢天皇）に打ち明ける。兄はこれを否定し、雄略天皇の天皇としての功績を認め、その陵墓の破壊は〝天之霊（皇霊）〟祭祀に悖る行為だとして弟の顕宗天皇を諫める。加えて、今の自分たちがあるのは清寧天皇の殊に深い恩寵があってのことだと感謝し、清寧天皇の父が雄略天皇であることを強調したうえで、老賢たちの言葉「言無不詶。徳無不報。有恩不報。敗俗之深者(11)」〝言として詶いざるはなく、徳として報へざるはなし。恩ありて報へざるは、俗を敗ること深し〟を引用して、顕宗天皇を諭した。清寧・顕宗・仁賢天皇という三代の天皇は人民にも愛しまれた天皇とされている。

ちなみに、清寧天皇は生まれながら白髪で、不思議な力を持つとされ、その名を白髪皇子という。清寧天皇の母葛城韓姫は坂合黒彦皇子と眉輪王を庇いながら、雄略天皇によって諸共に焼き殺された葛城円大臣の娘である。つまり、清寧天皇にとっても父の雄略天皇は母方の祖父の仇になる。親子兄弟夫婦の愛憎も複雑深遠である。

註

（1）黒板勝美編輯『新訂増補　国史大系　日本書紀　前篇』吉川弘文館、一九六六年、三六四頁参照。
（2）同右、『新訂増補　国史大系　日本書紀　前篇』三六二頁参照。
（3）同右、『新訂増補　国史大系　日本書紀　前篇』三六七頁参照。
（4）同右、『新訂増補　国史大系　日本書紀　前篇』三六七頁参照。
（5）同右、『新訂増補　国史大系　日本書紀　前篇』三六七頁参照。
（6）同右、『新訂増補　国史大系　日本書紀　前篇』三六一頁参照。
（7）同右、『新訂増補　国史大系　日本書紀　前篇』三六一頁参照。
（8）同右、『新訂増補　国史大系　日本書紀　前篇』三六一頁参照。
（9）同右、『新訂増補　国史大系　日本書紀　前篇』三六一、三六二頁参照。
（10）同右、『新訂増補　国史大系　日本書紀　前篇』三九八頁。
（11）同右、『新訂増補　国史大系　日本書紀　前篇』四一〇頁。

古事記に見る雄略天皇と袁杼比売の歌

『古事記』には煽情的な歌がある。ただし、通り一遍の読誦では直感し得ない歌でもある。酒宴で詠まれた雄略天皇の歌「美那曾曾久。淤美能袁登売。本陀理登良須母。本陀理斗理。加多久斗良勢。斯多賀多久。夜賀多久斗良勢。本陀理登良須古」(1)〝ミナソソク　オミノヲトメ　ホダリトラスモ　ホダリトリ　カタクトラセ　シタカタク　ヤカタクトラセ　ホダリトラスコ〟である。「ミナソソク」

は「君」の枕詞で、水を注ぐ意である。この君とは春日和珥佐都紀（和邇佐都紀臣）を指すため、この歌がその臣の娘、袁杼比売に対して詠まれた歌であることが分かる。ホダリとは秀樽と書かれる。そうであるならば、この秀でた樽とは手で支え得る酒壺や徳利のような酒を入れる容器を指す。したがって、この歌意は「水注ぐ　君の乙女が　徳利を手にしているよ　徳利を持って　堅く手にして　強かに堅く　もっとしっかりと持って　徳利を手にする乙女よ」となる。一見なんのことはない酒宴の歌である。

実は、この歌に至る前に、この酒宴では一波乱あった。木の葉の入った盃を気づかずに供した采女が雄略天皇の逆鱗に触れ、手討ちにされかける。ここで采女は助命の歌を詠み、皇后も天皇を諌める歌を詠んで緊迫した場を取りなした。これにより、ひとまずこの場は収まったが、酒宴はいまだ緊張の余韻に満ちていた。こうした空気のなかで、袁杼比売は天皇に酌をする。徳利を持つその手は心許なくプルプルと震えていたのかもしれない。これを気遣い、場を和ませたのが、ほかでもない雄略天皇の徳利の歌なのだ。

この本陀理について、さらに踏み込んだ解釈がある。三浦佑之は『口語訳　古事記　完全版』で、「ホは立派にの意のほめ言葉、タリは垂れているものの意で、満ち足りた状態を表す。通説では酒を満たした瓶のことだと言われているが、ここでは男の一物と解釈した[2]」と述べ、本陀理を男性の一物、つまり、男根と解釈したのである。

三浦の解釈により、この歌意（訳）を捉え直してみると、「水が注ぎ流れる大海の　臣のおとめよ豊かな垂れ物を手になさるよ　大きなあれを手に　いま少し強く取れよ　しかと固く　いよいよ固くなるまで取れよ　豊かな垂れ物を手になさる子よ[3]」ということになる。三浦の秀逸な解釈に驚かされる。

酒の席であれば、その是非に及ばず、卑猥な表現が隠された春歌を皆で歌って、その場を盛り上げるなどということも想定できる。そもそも本陀理（ほだり）が何を指すのか不明確である以上、こうした攻めの解釈が歌を生かすことになる。本陀理を男根のメタファー（隠喩）として解釈すると、妙に合点がいくのである。本陀理（ほだり）の解釈一つによって、何の変哲もない退屈な歌が大きく膨らみを持ち、勢いを増してくる。

新潟県長岡市下来伝のほだれ神社（大神）には、長さ二・二メートル、重さ六〇〇キロの男根形木像〝ほだれ様〟が祀られている。ホダレとは穂垂れであり、五穀豊穣や子孫繁栄を意味する。本陀理も穂垂れ。つまり、男根に通じているのだろう。

現代の感覚からすれば男女に限らず、酌の強要はパワーハラスメントにされかねない。さらに、皇后も同席するような公衆の面前で〝俺の男根をしっかり握れ〟などという類の歌はセクシャルハラスメントの極致である。しかもこの状況は、采女の粗相に怒った天皇が刀に手をかけ、皇后が諌めるという修羅場の直後である。バイオレンスとハラスメントの波状攻撃の間で、袁杼比売（ヲドヒメ）はこの難局をどのように切り抜けていったのだろうか。

袁杼比売は雄略天皇の歌に対し、「夜須美斯志。和賀淤富岐美能。阿佐斗尓波。伊余理陀多志。由布斗尓波。伊余理陀多須。和岐豆紀賀。斯多能。伊多尓母賀。阿世袁」[4]〝ヤスミシシ　ワガオホキミノ　アサトニハ　イヨリダタシ　ユフトニハ　イヨリダタス　ワキヅキガ　シタノ　イタニモガ　アセヲ〟と詠み、雄略天皇を受け入れる歌を詠む。

何よりも、この歌で重要な視点は〝ト〟の解釈である。イヨリダタシの〝イ〟は接頭語。ワキヅキは脇息（きょうそく）の意。イタニモガの〝モガ〟は願望の終助詞。アセヲは〝吾兄を〟ではやし詞である。とりあえず、〝ト〟は〝ト〟のままにして、〝ト〟として、この歌意を示したい。

「天下を知ろし食す（治める）我が大君の朝の〝ト〟に寄り立たせ、夕の〝ト〟に寄り立たせます。座の脇に置いてもたれかかるための脇息の下板のように私はなりたいのです。皆さんそうですよね」という意味である。本居宣長はこの〝ト〟を「戸」[5]とし、大久保正は時間の「間」[6]と解釈した。どちらも用例を付した安定感のある揺るぎない理解である。

ただし、雄略天皇の歌の本陀理（ほだり）を男根と解釈するならば、その対となる袁杼比売の歌をも春歌と解釈する余地はある。そもそも、メタファーとして隠されていたものを引きずり出して曝すなどということは、無粋の極みである。さらに〝徳利をしっかり持て〟とか〝脇息の下板になりたい〟など、言葉の意味を直接的に解釈することも大切な過程である。ただし、こうした類のひねりの薄い歌解釈に止まってしまうと、味わいも素っ気ない。

一つの可能性として、この歌の〝ト〟を〝オホトノヂ〟〝オホトマベ〟〝ミトノマグワイ〟の〝ト〟と同様に性器、つまり、男根と解釈する余地がある。雄略天皇の歌の本陀理と、袁杼比売の歌の〝ト〟

を男根と詠み替えてみれば、この二首が揃って自然な性愛の戯れ歌であることが分かる。

こうした解釈が可能であるならば、袁杼比売はオドオドした気弱な女性などではなく、〝毒を以て毒を制す〟とばかりに、卑猥な春歌をも遣り過ごすことのできる肝の据わった聡明な女性ということになる。

意に添わぬものは切り捨てる暴虐な雄略天皇と渡り合っていくには、袁杼比売のなかに、強く優しく賢いだけに留まらぬ絶望をも見透かす諦めの気持ちが具わっていたのかもしれない。『古事記』の女性畏るべしである。ちなみに、『日本書紀』にこれに類する歌はない。『日本書紀』の女性の描き方は『古事記』のそれに遠く及ばない。

註

（1）黒板勝美編輯『新訂増補　国史大系　古事記　先代旧事本紀　神道五部書』吉川弘文館、一九六六年、一三九頁参照。

（2）三浦佑之『口語訳　古事記　完全版』文芸春秋、二〇〇二年、三三三頁参照。

（3）同右、『口語訳　古事記　完全版』三三三頁参照。

（4）黒板勝美編輯『新訂増補　国史大系　古事記　先代旧事本紀　神道五部書』一三九頁参照。

（5）大野晋・大久保正編集校訂『本居宣長全集　第十二巻』筑摩書房、一九七四年、三二五頁参照。

（6）大久保正訳注『古事記歌謡』講談社、一九八一年、参照。

武烈天皇

『日本書紀』武烈天皇紀によれば、仁賢天皇の皇太子小泊瀬稚鷦鷯尊（オハツセノワカサザキノミコト）は勤勉で法令に明るく、日の暮れるまで政務に従事した。諸訴訟の処断にも長け、無実の罪を掘り起こしては必ず真相を究明した。しかし、刑罰を好み、残酷な刑の執行を必ず観覧した。これにより、国民は震え上がるほどこの皇太子を恐れた。この皇太子小泊瀬稚鷦鷯尊が歴代天皇のなかでも比類稀に見る残虐非道とされる武烈天皇である。

ちなみに、大泊瀬（オオハツセ）とは雄略天皇の名。大鷦鷯（オオサザキ）とは仁徳天皇の名である。したがって、武烈天皇の小泊瀬稚鷦鷯という名は、仁徳天皇と雄略天皇を足し合わせてもなお小さいという印象を与えている。

この皇太子小泊瀬稚鷦鷯尊は物部麁鹿火（もののべのあらかび）の娘影媛（かげひめ）に恋をする。しかし、この影媛は平群真鳥（へぐりのまとり）の子鮪（しび）とすでに通じていた。それを知らずに、皇太子は海柘榴市（つばいち）の歌垣で鮪と恋の鞘当てを繰り広げ、歌合戦の最中、二人の関係に気づいてしまう。皇太子は怒り心頭に発し、大伴金村に命じて鮪を殺害させ、さらに、目障りであった鮪の父真鳥大臣をも亡き者にする。皇太子時代の極端な失恋体験が精神的外傷となり、後に展開する武烈天皇の女性不信の伏線になっていく。

『日本書紀』には、武烈天皇二（五〇〇）年から崩御する八年までの間、武烈天皇六年を除いた毎年、天皇が行った残虐な行為を記録している。それを以下に列挙してみる。武烈天皇二年、天皇は妊娠した女性の腹を裂いて胎児を検見する。これが事実であるならば、こうした天皇の暴挙は出産を祝福し、日に一五〇〇人生むと宣言した伊弉諾尊への冒涜にさえなる。三年、人の生爪を剝いで芋を掘らせる。四年、人の髪を抜き、樹の先端に登らせ、その樹を切り倒し、人が転落死するのを楽しむ。五年、人を池の堤の樋のなかに入れて、外に流し出し、三つ刃の矛で刺し殺して楽しむ。七年、人を樹に登らせて、弓で射殺して笑う。八年、女性を全裸にし、平板の上に座らせ、馬を引き、女性の前で交尾をさせる。その後、女性の陰部を調べ、濡れているものは殺し、そうでないものは官婢（官有の女奴隷）として召し上げる。

　武烈天皇は遘合という性愛は疎か、人が人を生みなす神聖な妊娠や出産、さらに、人が人として生きることとさえ弄ぶ。この天皇が抱える憂いとは何だったのか。武烈天皇六年、天皇は「伝国之機。立子為貴。朕無継嗣。何以伝名。且依天皇旧例。置小泊瀬舎人。使為代号万歳難忘者也」(1)〝国を伝ふる機（まつりごと）は、子を立つるを貴しとする。朕（われ）、継嗣（ひつぎ）なし、何をもってか名を伝へむ。また天皇（すめらみこと）の旧例（ふること）によりて、小泊瀬舎人（おはつせのとねり）を置きて、代（みよ）の号（な）として、万歳に忘れ難からしめよ〟と命じている。

　子のない武烈天皇は自らの名や事跡が消滅することを憂慮し、万代まで武烈天皇の記録を伝える組織として〝小泊瀬舎人〟を設けさせた。皮肉なことに、この天皇の努力に反して、一三〇〇年もの間、『日本書紀』を通して、語り継がれる武烈天皇の名は、件のような残忍極まる悪逆非道である。

　崩御直前の武烈天皇の生活は池を掘らせて苑を造り、そこに禽獣を放し飼いにして、犬を走らせ、馬を競わせ、狩猟を楽しんだ。宮廷への出入り時間に制限はなく、大風や大雨を避けることもなかった。特に気になることは「衣温而忘百姓之寒。食美而忘天下之飢」(2)〝衣温にして百姓の寒ゆることを忘る。食美くして天下の飢えを忘る〟という天皇の姿勢である。暖かい服を着ようとも凍える百姓には思い至らず、おいしいものを食べようとも飢えた国民など意に介さなかった。武烈天皇は民にも国にも興味や愛情の欠片も示さず、多くの侏儒や俳優を集め、淫らな楽を奏し、怪しい戯れを行い、恣にふしだらな声を上げ、昼夜を問わず宮廷女官と酒におぼれ、錦の布を敷物とし、白絹をまとったものも多く侍らせた。

白絹とは白衣の意で、染色していない布地を用いた高級でない服あるいは普段着を指す。したがって、天皇が身分に分け隔てなく、芸能の民に接したとも理解できるのだが、ここではこうした好意的な意味はなく、素性の分からぬ人々を宮中に招き入れ、昼夜を問わず淫靡な行為に耽っていたというのである。こうした生活のなかで、武烈天皇は崩御する。

この崩御によって応神天皇の次代、仁徳天皇の血統を引く十代の天皇（仁徳天皇、履中天皇、反正天皇、允恭天皇、安康天皇、雄略天皇、清寧天皇、顕宗天皇、仁賢天皇、武烈天皇）の系譜は断絶する。武烈天皇の次の天皇は、重臣たちによって応神天皇まで五代を遡り、都から遠く離れた越前（福井県）の男大迹王が継体天皇として即位する。これにより、応神天皇から分流した継体天皇の新たな系統が継承される。

『日本書紀』によれば、傍系の天皇であっても、男系の皇統は連綿と継続しているため、継体天皇が新たな王朝を開いたことにはなっていない。ただし、大雑把に一代三十年から四十年の世代差を考慮すると、五世代とは約百五十年から二百年のブランクになる。およそ百五十年から二百年前の出来事を、現在からイメージすると、江戸時代後期から明治維新のころである。したがって、継体天皇が持つ五世代というブランクは決して短いものではない。こうした時間の隔たりに注目すると、武烈天皇と継体天皇との間には大きな溝がある。

この溝は当然のように様々な王朝交替（代）説の論拠の一つとされている。この溝が王朝の交替（代）であろうと、系統の分化であろうと、応神天皇五世の孫である系譜を明示することにより、継体天皇の新たな系統が自らの正統性を強調し、さらに、前系統最後の武烈天皇の暴虐を加筆することで、自らの正当性を主張したとも考えられる。『日本書紀』にのみ記された悪逆非道な武烈天皇の実像は史実であるのか、捏造であるのか、架空であるのか、今となっては深い藪のなかである。

註

（1）黒板勝美編輯『新訂増補　国史大系　日本書紀　後編』吉川弘文館、一九五二年、六頁。
（2）同右、『新訂増補　国史大系　日本書紀　後編』七頁。

継体天皇とつながり

嗣子のいないまま、武烈天皇が崩御したため、大伴金村(おおとものかなむら)ら重臣たちは跡継ぎ探しに奔走する。(1)最初に白羽の矢を立てたのが仲哀天皇五世の孫に当たる倭彦王(ヤマトヒコノオホキミ)であった。しかし、その王は迎えの神輿の軍列に怯え、丹波桑田（たにはのくわた）から山中に逃げ込み、そのまま行方不明になってしまう。次に注目されたのが越前高向（たかむこ）の男大迹王（ヲホトノオホキミ）であった。この男大迹王が後の継体天皇である。

男大迹王の父、彦主人王（ヒコウシノオホキミ）は応神天皇四世の孫に当たり、母、振媛（フルヒメ）は垂仁天皇七世の孫に当たる。父の彦主人王は、容姿端麗な振媛を見初め、近江の三尾（みお）から越前の高向（たかむこ）へ使いを遣わし、振媛を妃として迎え入れる。こうして、男大迹王は応神天皇五世の孫として近江で生まれる。その後、彦主人王の薨去を契機として、振媛は越前高向に帰郷して、親の面倒を見ながら、男大迹王を育てることになる。

『日本書紀』によれば、成長した男大迹王は「天皇壮大。愛士礼賢。意豁如也」(2)〃天皇壮大（おとこざかり）にして、士（ひと）を愛（め）で、賢（さかしき）を礼（うやま）い、意豁（こころゆたか）なり〃と記されている。つまり、『日本書紀』に記された継体天皇は男らしく壮大で、人々を愛し、賢者を敬い、心持も豊かな天皇として尊ばれ、先帝との違いを際立たせている。

男大迹王（継体天皇）は即位についても慎重かつ謙虚であった。金村は天皇が継承すべき神璽の鏡と剣を男大迹王に奉って拝礼し、天皇への即位を懇願する。しかし、男大迹王は「子民治国重事也。……」(3)〃民（おおみたから）を子とし国を治むるは重き事（わざ）なり。……〃と、これを固辞する。「大御宝とされる国民を我が子として愛することができなければ、国を治めることはできない」というのだ。

これに対し、金村は「臣伏計之。大王子民治国最宜称。……」(4)〃臣（やつこ）伏して計（はかりみ）れば、大王（おおきみ）民（おおみたから）を子とし国を治ること、もつとも称（かな）ふべし。……〃と、天皇即位への要請を続ける。金村は国民を我が子として愛し慈しみ、国を治められる天皇として、男大迹王が最もふさわしいと説き、それが大連の金村のみならず、大臣の許勢男人や大連の物部麁鹿火ら、重臣たちの総意である旨を伝え、天皇即位の承諾を得る。

同じ応神天皇の血統を引き、その五世の孫に当たる武烈、継体、両天皇ではあるが、『日本書紀』の記述によれば、残忍非道な暴君として扱き下ろされた武烈天皇とは違い、継体天皇はその徳の深さや人望の厚さを前面に打ち出されている。ただし、重臣たちには継体天皇に対しても憂慮すべき懸念を持っていた。

『日本書紀』継体天皇元（五〇七）年二月の条によれば、金村は「臣聞、前王之宰世也。非維城之固。無以鎮其乾坤。非掖庭之親。無以継其趺萼。……請立手白香皇女納為皇后。遣神祇伯等敬祭神祇。求天皇息。允答民望」(5)〝臣聞く、前の王世を宰めたまふこと、維城の固めあらずは、以てその乾坤を鎮めることなし。掖庭の親あらずは、以てその趺萼を継ぐことなし。……請らくは、手白香皇女を立てて、納して皇后となし、神祇伯らを遣して、神祇を敬祭きて、天皇の息を求して、允に民の望に答へむ〟と、即位間もない天皇に心に秘めた憂いを吐露する。

金村のいうところの概略は「聞くところによると、歴代の帝が世を治めましたのは、皇太子がしっかりといらしたからです。皇太子がおられなければ、天下を鎮めることはできませんでした。女性との性愛なくして、お世継ぎを儲けることもできません。……どうか、手白香皇女を皇后として迎え入れ、神祇伯らを遣して、神祇を祭り、天皇の皇子誕生を祈願して、民の望にお応えください」とのことである。

皇位継承争いや権力闘争に基づく弑逆簒奪が繰り返された雄略天皇までの時代を経て、清寧天皇・顕宗天皇・仁賢天皇・武烈天皇のなかで、皇子に恵まれたのは仁賢天皇のみである。皇子のない清寧天皇や武烈天皇は自らの名や事跡を伝え残す組織（白髪部舎人、白髪部供膳、白髪部靫負、小泊瀬舎人）の設立に腐心する。ただし、清寧天皇は自らの子ではなく不遇の境遇にあった後の顕宗天皇（弟）と仁賢天皇（兄）兄弟（履中天皇の孫）を迎え入れ、天皇（皇太子）として育て上げた。これに対し、武烈天皇は酒池肉林の日々のなかで崩御する。繰り返しになるが、これをもって、仁徳天皇からの系譜は途絶えることになる。

金村は皇嗣不在による皇統の断絶を憂慮し、継体天皇に早期の結婚を諫言する。金村が皇后として推す手白香皇女とは、仁賢天皇の皇女であり、先帝の武烈天皇とは母春日大娘皇女を同じくする同母姉になる。したがって、この婚姻によって、継体天皇は先帝、武烈天皇の義兄となる。

さらに、金村が勧める婚姻には重要な意味がある。継体天皇と仁賢天皇皇女との結婚により誕生した皇子（後の欽明天皇）は、応神天皇六世の孫として皇統（男系）の正統性を証するのに加え、途絶えてしまった仁徳天皇の血統をも引く天皇にもなり得るからである。

古来、結婚とは家と家とをつなぐ祝い事であり、生まれた子は家と家との鎹になった。もちろん、当人の思いなど意に介さず、家と家との政治的つながりを強化する目的に基づく政略結婚も数多あったろう。

憲法二十四条一項には「婚姻は、両性の合意に基づいて成立し、夫婦が同等の権利を有することを基本として、相互の協力により、維持されなければならない」とある。結婚を家父長制から解き放った日本国憲法よろしく、現代の感覚でいうと、結婚は当事者の意思を第一に尊重すべき私事と捉える向きがある。況(ま)してや、子づくりに至る夫婦の性愛は他人の干渉を許さない聖域にさえなっている。ここにズカズカと踏み入って、子づくりのための結婚を急かし、プレッシャーを加えるとは度を越したお節介あるいは容喙(ようかい)の誹りを免れない。

結婚の形も多様化しており、フランス（民法五一五―一条）では、同性異性に関わらず、成人した個々人が安定した共同生活を営むための民事連帯契約（PACS:Pacte Civil de Solidarite）が認められているという。そこでは、婚姻よりも規則に拘束されず、同棲（事実婚）よりも法的権利を享受することができるという。とはいうものの、現代の人々が自らの結婚をめぐって、家を無視し、家族や親戚と絶縁し、個人の自由や独立に徹しようものなら〝親不孝〟〝恩知らず〟〝我が儘〟〝薄情者〟と陰日向に辛口の祝福を投げつけられるだろう。

ただし、多様な意見のなかに有用な端緒が隠されていることもある。自分自身が持つ主観的な基準に共振するような言葉のみならず、耳の痛い忠告など、自分には思いもよらない意見に留意してみると存外視野が広がることもある。特に、年齢や地位を重ねてくると、自らの愚行を咎め、過ちを諫めてくれる人の存在は宝に値する。継体天皇にとっては大伴金村の存在がそれに当たる。

継体天皇は金村の諫言を簡明直截に受け止め、国と民の安寧を永続させるため、自らの結婚を公私の枠に囚われることなく、手白香皇女を皇后として迎え入れる。『日本書紀』継体天皇元（五〇七）年三月の記事には、継体天皇の言葉が「神祇不可乏主。宇宙不可無君。天生黎庶。樹以元首使司助養。令全性命。大連憂朕無息。披誠款以国家、世世尽忠。豈唯朕日歟。宜備礼儀奉迎手白香皇女」[6]〝神祇には主乏しかるべからず。宇宙には君なかるべからず。天、黎庶を生して、樹つるに元首を以てし、助け養ふこと司らしめて、性命を全からしむ。大連、朕が息なきことを憂へて、誠の款を披きて、国家を以て、世々に忠なることを尽す。豈ただ朕が日のみならむや。礼の儀を備へて、手白香皇女を迎へ奉れ〟と、記されている。

この言葉の概略は「天神地祇を祀るには、神主がなくてはならない。天下を治めるには、君主がなくてはならない。天は人民を生みなして、元首を立て、人民を助け養う役割を与え、人民の生命を全うさせてきた。大連は私に皇子がないことを憂いながらも、真心をもって、国のために、世々を尽くしくれているのだ。どうして私が私の治める世（日々）のことのみを考えられようか。後の世のことも考慮しなければならない。それゆえに、礼儀を整えて、手白香皇女を迎へ奉れ」という。

陰陽の織りなす性愛において、子を生みなしていく営みは、民の安寧の永続にも結びつく。天皇は天から与えられた務めとして、国を治め、民を助け養い、民のいのちを全うさせるための政のみならず、天皇が祭祀王として、民の安寧を天神地祇に祈る祭祀の継承も担っている。天皇が国民の安寧を祈り続けることもまた、天皇の根本的な務めの一つである。ただし、民は民で、天皇がする無私の祈りを、神々や天皇にのみ被けるようなことはしない。

鎌倉幕府の『御成敗式目（貞永式目）』第一条には「……神者依人之敬増威、人者依神之徳添運、……」[7]〝神は人の敬によりて威を増し、人は神の徳によりて運を添ふ〟と、神々と人々との相互の双務的関係を絶妙に言い当てた言葉がある。神々は人々の敬いによって威力を増し、人々は神々の徳によって運を添うという。神々は人々の敬いがなければ、威を増して、その徳を人々に及ぼすことができないのである。

人間の魂魄も同じである。人の魄（体）が朽ち滅んでも、後世の人々がその名を唱え祀れば、魂は祭の場に来格すると信じられた。記憶にも記録にも留めず、祀ることさえなくなれば、そこに魂はなく、無機質な素粒子が飛び交う空間が広がり続けていく。ただし、それにも意味がある。気（素粒子）の活動。つまり、陰陽の交錯によって万物は生成される。素粒子は万人が同じ気によってつながっているという自覚を再認させてくれるのだ。

カール・セーガンは『人はなぜエセ科学に騙されるのか（上）』で、「水素を別にすれば、人体を作っているすべての原子は、血の中の鉄にしろ、骨をつくるカルシウムにしろ、脳の中の炭素にしろ、何千光年もかなたの赤色巨星のなかで、何億年も昔に作られたものなのだ。『われわれは星屑でできている』というのは、私のお気に入りのセリフである」[8]といっている。マクロの宇宙からミクロの素粒子まで我々は親子すら飛び越えてつながっている。

仏教でいう〝諸法無我〟は我などというものはなく、すべてはつながりによって変化していくという考えである。このつながりに注視すると、儒教でいう〝万物一体の仁〟に思い至る。気を通して人々とのつながりを感得できるなら、我々には互いに同じ気が通っているのだと認知できる。そうすれば、見ず知らずの他人にさえ献身的愛情を示し、生の連帯を培っていくこともできよう。そうした連帯は〝今〟生きている人々の横のつながりのみならず、死んでいった過去の人々や生まれてくる未来の人々など〝今〟ここに生きて存在しない人々の縦のつながりに対しても愛情を注ぐことができる。つまり、社会の些事でさえ、自らとそれにつながる人々の問題として考え得るかどうかが重要になる。これは単に少子化問題のみならず、エネルギーや環境問題にも関連する憂慮といえる。

〝……子孫(うみのこ)八十連(やそつづ)続きに至るまで五十橿(いかし)八桑枝(やくわえ)の如く立ち栄へしめ給へと……〟(9)と、子々孫々の繁栄を言祝ぐ神道の祝詞がある。これを個人的私家の繁栄のみを祈願するものとして捉えると狭量になる。しかし、自分自身が過去にも未来にも多様な人々との無数のつながりによって成り立っていることに思い至れば、この祝詞は横にも縦にも命の広がりを感得させる祈りの言葉になる。

註

(1) 時代は千年以上も後の話であるが、江戸時代初期、徳川幕府は幕藩体制の統制強化のため、大名の末期養子を禁止していた。これにより、嗣子のいない大名家は取り潰され、その家臣が浪人となり市井に溢れた。寛永十四(一六三七)年から翌年に及んだ島原の乱には、キリシタンのみならず多くの浪人たちがこれに加わった。幕府はこの一揆の鎮圧に苦心し、多大の犠牲をはらった。慶安四(一六五一)年、由井正雪ら浪人たちが幕府転覆を計画した慶安の変や、翌年、浪人たちが老中暗殺を計画した承応の変など、浪人たちの不満は直接的に社会不安を引き起こしていく。折しも幕府自体、武断政治から文治政治への転換期に当たり、こうした社会不安を契機として、幕府は段階的に大名の末期養子を解禁していく。これと比較すると、継体天皇の時代の皇位継承は鷹揚で寛容であった。

(2) 黒板勝美編輯『新訂増補　国史大系　日本書紀　後編』吉川弘文館、一九五二年、一一頁。
(3) 同右、『新訂増補　国史大系　日本書紀　後編』一三頁。
(4) 同右、『新訂増補　国史大系　日本書紀　後編』一三頁。
(5) 同右、『新訂増補　国史大系　日本書紀　後編』一四頁。
(6) 同右、『新訂増補　国史大系　日本書紀　後編』一四、一五頁。
(7) 史籍集覧研究会編『続史籍集覧　第二冊』すみや書房、一九七〇年、一七頁。
(8) カール・セーガン著、青木薫訳『人はなぜエセ科学に騙されるのか（上）』新潮社、二〇〇〇年、四四頁。
(9) 〝子孫八十連続〟は『日本書紀』神代巻第十段第二の一書で、〝五十橿〟は『延喜式』巻第八の「大殿祭（おおとのほがい）」の祝詞で、〝八桑枝〟は『延喜式』巻第八の「平野祭」と「久度古開（くどふるあき）」の祝詞で、それぞれ皇統の繁栄を言祝いでいる。

おわりに　安定的な皇位継承議論と万世一系

『日本書紀』神代巻の冒頭では、混沌に含まれた牙（きざし）が気として陰陽の活動を起こし、先ず陽の神々がなり、後に陰陽の道に基づく男女の神々の物語へと展開していく。男女の神々は試行錯誤を繰り返し、国の島々や自然の神々を生みなしながら万物へといのちを継いでいく。そのなかで、特に尊ばれた大日孁貴（天照大神）は皇祖として、天上を治め、その皇孫が天下を治めるように命じられる。この皇孫の流れが天皇である。皇祖神天照大神と高皇産霊尊は民が飢えることのない太平な国の永続を祈り、皇孫を地上に降臨させ、葦原中国を統治させる。出雲の大己貴神は不毛な戦いを避け、世の安寧を守るため、葦原中国を皇孫に譲り、自ら幽界に隠れ去る。『日本書紀』神代巻に記された多くの神々は民の生活の安寧に重きを置いていたのである。

『日本書紀』第六段本文には、天照大神と素戔嗚尊による誓約（うけい）の伝承が語られ、二神は互いの物実（ものざね）を交換し、それぞれ子を生みなす。ここで男を生みなせば赤（清）心の証、女を生みなせば黒（濁）心の証とされている。これは陰陽の男女対偶神に先んじて、陽のみの神々が純男として化生したことによる陽の優位性に関連するのだろう。ただし、男か女かという誓約の前提条件は女が男に劣るからなどという理屈ではなく、半か丁かの二者択一でしかない。女神である天照大神が、陽の最たる太陽神であることで、神道においては陰陽男女における男の優位性がとりわけ意味をなす理屈とはなり難いのである。

そのうえで、天照大神は「原其物根、則八坂瓊之五百箇御統者、是吾物也。故彼五男神、悉是吾児」(1)〝その物根を原ぬれば、八坂瓊之五百箇御統は、これ吾が物なり。故、彼の五の男神は、悉にこれ吾が児なり〟と述べている。ここで注目すべきことは、皇祖神である天照大神が自らの物根（物実）である八坂瓊之五百箇御統に依拠して、五柱の男神を悉く自分の子として主張した点である。

その一方、『日本書紀』神代巻第六段第三の一書によれば、男神を生みなしたのは天照大神ではなく、素戔嗚尊とも解釈可能な記述がある。こうした場合においても、日神（天照大神）は「如生男者、予以為子、而令治天原也」(2)〝如し男を生まば、予以て子として、天原を治しめむ〟と述べている。天照大神は、もし素戔嗚尊が生んだ子が男子であっても、その子を自分の子（養子）として、天原を統治させると宣言している。つまり、天照大神は誓約の結果に関わらず、一貫して男子を自らの後継とすることを明言するのである。こうした天照大神の意志が男系の皇統の源流となり、また、天照大神を皇祖とする男系による皇位継承の淵源になっている。

『日本書紀』神代巻第六段第三の一書によれば、五柱の男神たちは素戔嗚尊の御子となる。これにより、真の皇祖神も素戔嗚尊ということになる。ただし、天照大神にとって、素戔嗚尊は父神の伊弉諾尊を同じくする弟であり、その弟の御子たちも含め、同じ伊弉諾尊の男系に属する神々なのである。

今日の神道信仰においても、天原を統治するのは天照大神とされ、この神を皇祖神とすることに変わりはない。これにより、第三の一書に記された天照大神の意志は男系に基づく皇位継承を尊重した養子の初見となる。

『日本書紀』神代巻第九段第一の一書によれば、天照大神は葦原中国に降臨する皇孫の瓊瓊杵尊に「葦原千五百秋之瑞穂国。是吾子孫可王之地也。宜爾皇孫就而治焉。行矣。宝祚之隆、当与天壌無窮者矣」[3]〝葦原の千五百秋の瑞穂国は、これ、吾が子孫の王たるべき地なり。爾皇孫、就でまして治せ。行矣。宝祚の隆へまさむこと、天壌と窮り無かるべし〟と勅する。これが国家統治における皇統の正統性の拠とされた天壌無窮の神勅である。天照大神は〝葦原の千五百秋の瑞穂国（日本）は、私の子孫が王として君臨すべき国である。瓊瓊杵尊よ、降臨して国を統治しなさい。さあ、お行きなさい。皇統の隆盛は天地と共に永遠である〟と命じ、その弥栄を言祝いでいる。

『日本書紀』神代巻第九段第二の一書によれば、天照大神は瓊瓊杵尊とその場にいる神々に「以吾高天原所御斎庭之穂。亦当御於吾児」[4]〝吾が高天原にきこしめす斎庭の穂を以て、また吾が児にまかせまつるべし〟と勅する。これは斎庭の稲穂の神勅といい、天壌無窮の神勅と並ぶ重要な言葉とされる。天照大神は自らが高天原で育て食していた斎庭の稲穂を子孫に託し任せ、この稲穂を育てて、皆が食して生きていく糧とするように命じる。この神勅は稲作の豊穣による食の安定を象徴している。斎庭穂の神勅の本義は国民が飢えることのない太平な国つくり。つまり、民の安寧が保証され続けてこそ〝皇孫の君たるべき国〟といえるのである。

斎庭の穂の神勅が発せられる以前に、この神勅の伏線となる伝承がある。『日本書紀』神代巻第五段第十一の一書に記された保食神(ウケモチノカミ)の屍から種々の食物が生まれるという食物起原神話である。そこには「天照大神憙之曰。是物者則顯見蒼生可食而活之也。乃以粟稗麦豆為陸田種子。以稲爲水田種子(5)」〝天照大神は喜びて曰(のたまは)く、この物は則ち顕見蒼生(うつしきあをひとくさ)の食ひて活くべきものなりと、乃ち粟稗麦豆(あはひえむぎまめ)をもつては陸田種子(はたけつもの)とす。稲をもつては水田種子(たなつもの)とす〟と記されている。天照大神は保食神の屍から化生した五穀（稲・粟・稗・麦・豆）などの献上を受け、これを民（顕見蒼生(うつしきあおひとくさ)）が食して活きていく糧の確保と喜び、さらに、食の安定のために水田と陸田の充実を奨励する。

民の食の糧になるように、皇孫に託された斎庭の穂とは、このときの稲穂を種として、天照大神が自らの御田で育てた稲穂である。ここから窺える天照大神の意志は民が飢えることのない太平な世の中をつくることであり、皇孫あるいは後の天皇もこうした意志を継ぎ、民の安寧を祈り続けてきた。『日本書紀』神武天皇紀によれば、神武天皇は即位に際して「……苟有利民。何妨聖造。且当披払山林。経営宮室。而恭臨宝位。以鎮元元。……(6)」〝……苟(いやし)くも民に利(かが)有らば、何ぞ聖(ひじり)の造(わざ)に妨(たが)はむ。且(まさ)当に山林(やまはやし)を披(ひら)き払ひ、宮室(おほみや)を経営(をさめつく)りて、恭(つつし)みて宝位(たかみくら)に臨みて、以て元元(おほみたから)を鎮(しづ)むべし。……〟と宣言し、橿原の宮で初代天皇に即位する。

この言葉は即位宣言（施政方針演説）の一部抜粋であるが、ここで神武天皇は、いやしくも民の利益になるならば、どんなことでも聖人の道理の妨げにはならないので、山林を開き、宮室を造り、謹んで皇位に就き、民を安んじよう。と謳っている。

神武天皇は皇祖神の勅の精神を受け継ぎ、民の利益を優先し、民を安んじることを第一に考えた。「元元」と書かれているのは、オホミタカラ（大御宝）と読み、民（百姓）を意味する。人々の食の糧を育む民は敬意を示す接頭語を二重に冠した宝とされてきた。これにより、神武天皇が民を安んじるという皇統の責務を引き継いでいることを了解させる。

『日本書紀』仁徳天皇紀によれば、仁徳天皇は皇后磐之媛命に「其天之立君。是為百姓。然則君以百姓為本。是以古聖王者。一人飢寒顧之責身。今百姓貧之。則朕貧也。百姓富之。則朕富也。[7]未之有百姓富之君貧矣」〝其れ天の君を立つるは、是百姓の為になり。然れば則ち君は百姓を以て本と為す。是を以て、古の聖王は、一人も飢ゑ寒ゆるときには、これを顧みて身を責む。今百姓貧しきは、則ち朕が貧しきなり。百姓富めるは、則ち朕が富めるなり。いまだ百姓富みて君の貧しきことあらじ〟と語っている。

仁徳天皇は天が君主を立てるのは、百姓のためだと明言し、君主は百姓をもって本とするという。このため、古の聖王は民が一人でも飢え凍えるならば反省し、自ら身を責めたとして、仁徳天皇もこれに倣い、百姓が貧しければ、自らも貧しく、百姓が富んでいるならば、自らもそれを富としたのだという。つまり、仁徳天皇は国民のために皇位につき、国民の富を自らの富としたのである。

武烈天皇の崩御により、仁徳天皇からの系統は絶えてしまう。『日本書紀』継体天皇紀によれば、重臣の大伴金村大連らは、応神天皇五世の孫である男大迹王（後の継体天皇）を皇位継承者に指名する。しかし、男大迹王は、神璽の鏡剣を奉って懇願する金村の即位要請を固辞し、「子民治国重事也[8]」

〝民(おおみたから)を子として国を治むるは重き事(わざ)なり〟と述べる。即位前の継体天皇は大御宝とされる国民を我が子のように愛することができなければ、天皇として国を治める資格はなく、自身にはまだそうした重責を担う力量がないと謙虚な姿勢を示す。

　繰り返しになるが、金村は即位間もない継体天皇に「非掖庭之親。無以継其趺萼。……請立手白香皇女納為皇后。遣神祇伯等敬祭神祇。求天皇息。允答民望」(9) 掖庭(うちつみや)の親(むつび)あらずは、以てその趺萼(みあなすえ)を継ぐことなし。……請(うけたまわ)らくは、手白香皇女(タシラカヒメミコ)を立てて、納(め)して皇后(きさき)となし、神祇伯(かむつかさのかみ)らを遣して、神祇(あまつやしろくにつやしろ)を敬祭(いつ)きて、天皇(すめらみこと)の息(みこ)を求(もう)して、允(まこと)に民(おおみたから)の望に答へむ〟と憂慮を述べる。

　皇統の断絶を憂慮する金村は女性との性愛なくして、世継ぎを儲けることができないと迫り、手白(タシラ)香皇女(カノヒメミコ)を皇后として迎え入れ、神祇伯らを遣して、神祇を祭り、天皇の皇子誕生を祈願して、民の望みに応えるように天皇に申し入れる。

　金村が仁賢天皇皇女の手白香皇女を皇后として推挙するには理由がある。この皇女は先帝武烈天皇の同母姉に当たる。つまり、継体天皇と仁賢天皇皇女との結婚により誕生した皇子（後の欽明天皇）は、応神天皇六世の孫という男系男子の皇統であることに加え、途絶した仁徳天皇の血筋を引く天皇ということになる。

　これに対し継体天皇は「神祇不可乏主。宇宙不可無君。天生黎庶。樹以元首使司助養。令全性命。大連憂朕無息。披誠款以国家、世世尽忠。豈唯朕日歟。宜備礼儀奉迎手白香皇女」(10) 〝神祇には主乏しかるべからず。宇宙には君なかるべからず。天(あめ)、黎庶(おおみたから)を生(な)して、樹(た)つるに元首(きみ)を以てし、助け養ふこと司（つかさど）らしめて、性命（いのち）を全（また）からしむ。大連（おおむらじ）、朕（わ）が息（こ）なきことを憂へて、誠の款（こころ）を披（ひら）きて、国家（くに）を以て、世々に忠（まめ）なることを尽す。豈（あに）ただ朕（わ）が日（ひ）のみならむや。礼（ことわり）の儀（よそほひ）を備へて、手白香皇女（タシラカノヒメミコ）を迎へ奉れ〟と跡継ぎのいない不安定な皇位継承に憂慮する金村の真心に感謝し、子孫を儲けることを私事とはせず、後の世の国の営みとして、皇后を迎え入れる。

ここに示された祭主や君主は、祭祀と政務を司る天皇の存在の重要性に加え、〝蛇の道は蛇〟あるいは〝餅は餅屋〟のように、その道の玄人に道を託すべしとする隠喩のようでもある。結婚の決意を語る継体天皇の言葉には、民の安寧を祈り守る天皇の道と、世継ぎを生み、国を安寧に導く皇后の道を尊重し、それとの働きの持ち分けが控えめに謳われている。

以上、最古の官撰国史『日本書紀』の古典伝承によれば、民の安寧を願う天照大神の祈りは神勅を経て、連綿と歴代天皇に伝えられてきた(11)。天皇はその務めとして国民を助け養い、民のいのちを全うさせなければならない。とはいえ、こうした重い役割は天皇だけではなし得ない。孤高な天皇に寄り添い支えることができるのが皇后である。天皇は皇后と睦び、皇統を継ぎ、皇后もまた、たとえ皇子に恵まれずとも国母として幾代にも亘りその役割を続けてきた。

『日本書紀』のみならず、これに続く数多の古典や古記録を見る限り、皇統は万世一系であり、一二六代の天皇は例外なくその男系の皇胤によって継承されてきた。いうまでもなく父方に天皇のいる男系の皇統に属するものであれば、皇位継承に男女の制限はなかった。したがって、かつては推古・皇極・斉明・持統・元明・元正・孝謙・称徳・明正・後桜町天皇（皇極天皇は重祚して斉明天皇となり、孝謙天皇は重祚して称徳天皇になった）の八人十代の女性天皇が存在した。ただし、明治二十二（一八八九）年制定の皇室典範第一条「大日本国皇位ハ祖宗ノ皇統ニシテ男系ノ男子之ヲ継承ス」に基づき、明治以降、天皇に即位した女性皇族はいない。

これについては、昭和二十二（一九四七）年制定の皇室典範第一条において、「皇位は、皇統に属する男系の男子が、これを継承する」と記され、明治の皇室典範の内容を踏襲している。さらに、昭和の皇室典範第六条により、皇位継承資格、皇族の範囲は嫡男系嫡出のみとされ、加えて、皇室典範第九条「天皇及び皇族は、養子をすることができない」に基づき、かつて存在していた側室は認められず、庶子、養子はすべて否定され、旧十一宮家も戦後に皇籍離脱しているため、男系男子のみに限定された皇室典範においては、安定的な皇位継承が困難な状態に陥っている。近年の女性・女系天皇をめぐる議論には、こうした背後事情がある。

平成十七（二〇〇五）年、小泉純一郎内閣は皇室典範に関する有識者会議を設置し、女性天皇および女系天皇容認の報告書をまとめる。平成十八（二〇〇六）年、安倍晋三内閣官房長官は悠仁親王殿下誕生を受け、最終報告書を見直す旨を示す。平成二十四（二〇一二）年、野田佳彦内閣は有識者ヒアリングを開催し、女性宮家創設を検討するも、政権交代により頓挫する。平成二十五（二〇一三）年、安倍晋三内閣総理大臣は野田内閣が検討を進めていた女性宮家の創設に改めて慎重な意向を示す。平成二十九（二〇一七）年、国会は「天皇の退位等に関する皇室典範特例法」を採択する。その附帯決議には政府が安定的な皇位継承のための皇族減少の事情も踏まえて諸課題を検討し、速やかに国会に報告する旨が示されている。その後、その結果を国会で取りまとめ、法案を国会決議する流れになるのであろう。

令和元（二〇一九）年七月二十七日、共同通信は「皇位継承検討へ有識者会議」「年内設置、現行順位は維持」とする見出しの記事を配信した。そこには「前提条件なしに女性・女系天皇に関する議論に踏み込み、今の継承順位を変える事態となれば、皇室制度が揺らぎかねないと判断した。政府関係者が27（ママ）日、明らかにした」とある。これによれば、政府与党は安定的な皇位継承を検討する有識者会議を設置し、現行の皇位継承順位を維持する方針であることが了解される。

十二月四日、天皇皇后両陛下は五月から続いた即位の関連儀式をしめくくる「賢所（かしこどころ）御神楽（みかぐら）の儀」に臨まれた。同日、政府は安定的皇位継承をめぐる諸課題の検討を二年四月以降とする方針を固めたとされる。これは、秋篠宮文仁親王殿下が皇嗣となられることを内外に知らしめる「立皇嗣の礼」以前に、皇位継承議論を活発化することを憚ったものと考えられる。一方、野党も国民的議論を主導すべく様々な展開を見せている。各党の主張は男系天皇維持の是非、女性天皇容認の是非、女系天皇容認の是非、女性宮家創立の是非、旧宮家（旧皇族）皇籍復帰の是非に加え、これらに関連する皇位継承順位、復帰する旧宮家の人数や範囲、女性天皇の配偶者や子の身分、女性皇族の配偶者や子の身分などの問題が取り沙汰されている。

皇族および現在皇族ではない旧宮家の方々など、当該個々人の意志は最大限尊重されるべきであり、その人権を侵害することのないように配慮される必要がある。また、内廷費・宮廷費および皇族費の問題も慎重に検討されるべきであろう。

こうした諸事を踏まえ、皇位継承の歴史的背景を鑑み、皇統の正統性を万世一系（男系）に依拠するならば、皇胤である旧皇族の子孫を含めた男系男子の養子容認、あるいは新宮家創設、または旧宮家の一部皇籍復帰などを可能とする皇室典範の改正が必要になる。こうした解釈は顕宗天皇、仁賢天皇、継体天皇、光格天皇の皇位継承が類似する前例となる。

当然、歴史や伝統の視点から女性天皇を否定する理由もない。この場合においても、その皇配（女性天皇の配偶者）が旧宮家の子孫など血統上の男系の皇胤に属しているならば、その御子（親王、内親王）も男系の皇統に属するものとなる。元正天皇は元明天皇の皇女であるが、草壁皇子を父とする男系の女性天皇であることが類似する一例となる。ただし、皇太子であった草壁皇子は元明天皇即位以前に早世しているため、元明天皇即位時に配偶者はいない。推古・皇極（斉明）・持統天皇もそれぞれ敏達天皇、舒明天皇、天武天皇の皇后であったが、天皇崩御後に即位している。したがって、女性天皇の配偶者とされる皇配は歴史上存在したことがない。

万世一系（男系）に拘泥せず、父方に天皇がいない女系天皇（男女の性別に関係ない）が容認された場合、先ず男系の女性天皇が即位する。さらに、その女性天皇が歴史上前例のない皇配と結婚する場合、その皇配との間に授かった御子が後に天皇として即位する。この新天皇が男女の別なく初の女系天皇となる。同時に、この女系天皇を父系原理から見ると、この新天皇は皇配を祖とする新王朝の初代天皇になる（この女系天皇が女性天皇であり、この女性天皇が旧宮家など男系男子の皇胤と結婚した場合はその限りではない)。この新王朝には一二六(次代を含め一二七)代、あるいは有史以前の皇紀二千六百有余年(中国の文献に倭国の記述の見えない〝空白の四世紀〟を考慮しても約千六百年)連綿と続いてきた皇統の歴史的背景や伝統、とりわけ、天照大神の神意は引き継がれない。女系天皇を容認した場合、天照大神を皇祖とする万世一系の皇統は断絶し、新王朝の幕開けにつながるのだという状況や、それをめぐる各種の影響も認識しておくべきであろう。

令和元(二〇一九)年五月一日と二日に実地された共同通信の世論調査によれば、女性天皇容認は七九・六%とされたが、女系天皇についての項目は示されていない。また、郵送方法により、平成三十一(二〇一九)年四月十五日までに回答された朝日新聞の世論調査によれば、女性天皇容認は七六%であった一方、女系天皇容認についてもほぼ同数の七四%とされている。女性天皇容認と女系天皇容認はまったく趣が異なるが、その数がほぼ同数になっている。令和元年五月十一日と十二日に実地された産経新聞社とFNNの合同世論調査においても、女性天皇賛成は七八・三%。女系天皇賛成は一四・一%下がって六四・二%であった。ただし、女性天皇と女系天皇の違いについて〝あまり理解していない〟〝まったく理解していない〟とを合わせて五一・九%となり過半数を超えていた。

このように平成と令和の端境期に実地された各社の世論調査によると、八割弱の人々が女性天皇を容認(賛成)していることが分かる。しかし、女性天皇と女系天皇の相違について理解されていないという現実も明らかにされた。とりわけ、女系天皇の是非については、回答項目が正確に理解されないまま打ち出された数字である可能性が高い。したがって、女性天皇と女系天皇の容認については、その背後事情の相違を広く周知させながら慎重に議論を進めるべきである。

史料の記述を客観的に検証していく歴史学においても、史料に対する評価は、それを解釈する個人の主観に基づいている。したがって、その是非に及ばず、史料をめぐる評価は融通無碍で変幻自在なところがある。こうして現れる多様な主張に対し、寛容な姿勢で臨むことは、その社会の健全性を示す物差しになる。なかには曲学阿世を辞さないこともあるのだろう。変化は必然であり、諸行無常は否めない。したがって、それはそれで止むを得ないところがある。ただし、我々は不易流行に心を寄せる必要もある。事態は〝喫緊だ〟〝巧遅は拙速に如かず〟と煽られて、史料批判を怠り、性急になされた変化は、旧来の諸事との間で軋轢を生む。〝急いてはことを仕損じる〟〝急がば回れ〟ともいう。

天照大神の言葉に基づき、有史以前から民の安寧を祈り続けてきた天皇の思いは、万世一系の皇位継承により、今につながっている。しかし、〝安定的な皇位継承〟という昨今の議論のなかには、皇統断絶に及ぶような危機も孕んでいる。承知の上でそれを唱道するのであれば、それはそれで尊重すべき一つの見識であろう。しかし、綾目も分からぬうちに付和雷同し、後になって失ったものの大きさに気づくようではあまりに悲しい。

何であれ世襲をめぐる問題の根幹には性愛に基づくいのちの継承が欠かせない。いのちをかけたその場には、いのちを継ぐことにこだわり、新しいいのちとともに連綿と生き続ける先人たちの思いが残されている。それのみならず、世襲をめぐる有形無形の文化財あるいは技術芸能や精神を支え養い守ってきた人々の思いが今もなお生き続けている。それを引き継ぐのか、それを断ち切るのか、悩んだら止めるのか、悩んだら進めるのかという判断はあまりに重い。

『日本書紀』神代巻本文は皇祖神と皇胤（男系）との関係性を明示する系譜的性格が強い。つまり、血のつながり、あるいは血統の尊重である。ただし、『日本書紀』では、その冒頭から陰陽が語られる。気の活動による陰陽という現象を『易経』によって突き詰めてゆけば、万物一体の仁に行き着く。それは気のつながり、あるいは気を同じくする生の連帯の尊重である。『易経』は儒教の経典（五経の一つ）とされ、陰陽もまた儒教のみならず道教や仏教においても語られる思想である。そうした思想を日本文化に敷衍して語ることに疑問を抱く向きもあるだろう。しかし、『日本書紀』は、その冒頭から陰陽を語ることを憚らない。これが多様性に寛容な『日本書紀』の姿勢である。いのちの継承において、血のつながりを前面に押し出しながら、気のつながりによる生の連帯に及ぶのが『日本書紀』に示される系譜なのである。

註

（1）黒板勝美編輯『新訂増補　国史大系　日本書紀　前篇』吉川弘文館、一九六六年、二六頁。
（2）同右、『新訂増補　国史大系　日本書紀　前篇』三〇頁。
（3）同右、『新訂増補　国史大系　日本書紀　前篇』七〇頁。

(4) 同右、『新訂増補　国史大系　日本書紀　前篇』七五頁。

(5) 同右、『新訂増補　国史大系　日本書紀　前篇』二三頁。

(6) 同右、『新訂増補　国史大系　日本書紀　前篇』一三〇頁。

(7) 同右、『新訂増補　国史大系　日本書紀　前篇』二九七頁。

(8) 黒板勝美編輯『新訂増補　国史大系　日本書紀　後編』吉川弘文館、一九五二年、一三頁。

(9) 同右、『新訂増補　国史大系　日本書紀　後編』一四頁。

(10) 同右、『新訂増補　国史大系　日本書紀　後編』一四、一五頁。

(11) 『日本書紀』の後の世の歴代天皇も、民の安寧を祈る大御心を御製に残されている。

後醍醐天皇　「世治まり民安かれと祈るこそ　わが身につきぬ思なければ」。

後花園天皇　「よろづ民うれへなかれと朝ごとに　いのるこころを神やうくらむ」。

後土御門天皇　「うれへなき民の心と聞くからに　いまぞ我が身のたのしみとせむ」。

光格天皇　「みのかひは何いのるべき朝な夕な　民やすかれと思ふばかりを」。

孝明天皇　「あさゆふに民やすかれとおもふ身の　こころにかかる異国の船」。

明治天皇　「とこしへに民やすかれといのるなる　わが世をまもれ伊勢のおほかみ」。

大正天皇　「武夫（もののふ）のいのちにかへし品なれば　うれしくもまた悲しかりけり」。

「我を待つ民の心はともし火の　数かぎりなき光にも見ゆ」。

昭和天皇　「あらたまの年をむかへていやますは　民をあはれむこころなりけり」。

「みゆきふる畑の麦生（むぎふ）におりたちて　いそしむ民をおもひこそやれ」。

「天地（あめつち）の神にぞいのる朝なぎの　海のごとくに波たたぬ世を」。

「我が庭の宮居にまつる神々に　世の平らぎをいのる朝々」。

上皇陛下　「波立たぬ世を願ひつつ　新しき年の始めを迎へ祝はむ」。

「戦（いくさ）なき世を歩みきて思ひ出づ　かの難き日を生きし人々」。

天皇陛下

「戦ひにあまたの人の失せしとふ　島緑にて海に横たふ」。

「人はみな姿ちがへどひたごころ　戦なき世をこひねがふなり」。

「復興の住宅に移りし人々の　語るを聞きつつ幸を祈れり」。

文献一覧

黒板勝美編輯『新訂増補　国史大系　律・令義解』吉川弘文館、一九六六年
黒板勝美編輯『新訂増補　国史大系　古事記　先代旧事本紀　神道五部書』吉川弘文館、一九六六年
黒板勝美編輯『新訂増補　国史大系　日本書紀　前篇』吉川弘文館、一九六六年
黒板勝美編輯『新訂増補　国史大系　日本書紀　後編』吉川弘文館、一九五二年
黒板勝美編輯『新訂増補　国史大系　日本後紀』吉川弘文館、一九八〇年
坂本太郎、家永三郎、井上光貞、大野晋校注『日本古典文学大系67日本書紀　上』岩波書店、一九六七年
大久保正訳注『古事記歌謡』講談社、一九八一年
斎部広成撰、西宮一民校注『古語拾遺』岩波書店、一九八五年
佐々木信綱編『万葉集　上巻』岩波書店、一九二七年
佐々木信綱編『万葉集　下巻』岩波書店、一九二七年
佐伯梅友校注『古今和歌集』岩波書店、一九八一年
武田祐吉校訂『拾遺和歌集』岩波書店、一九三八年
西下経一校訂『後拾遺和歌集』岩波書店、一九四〇年
与謝野晶子自選『与謝野晶子歌集』岩波書店、一九八五年
与謝野晶子『みだれ髪』新潮社、一九九九年
近藤瓶城編『史籍集覧　第二冊』（通記第五　神皇正統録　上）近藤活版所、一九〇〇年
史籍集覧研究会編『続史籍集覧　第二冊』すみや書房、一九七〇年
田代陣基、山本常朝『葉隠　上』岩波書店、一九四〇年
田代陣基、山本常朝『葉隠　中』岩波書店、一九四〇年

田代陣基、山本常朝『葉隠　下』岩波書店、一九四〇年
高田真治、後藤基巳訳『易経　下』岩波書店、一九六九年
荘子著、金谷治訳注『荘子　第一冊　内篇』岩波書店、一九七一年
石原道博編訳『新訂　魏志倭人伝・後漢書倭伝・宋書倭国伝・隋書倭国伝　中国正史日本伝（1）』岩波書店、一九五一年
石上神宮伝「石上神宮　神拝行事次第」神社本庁、一九五四年
佐伯有義校訂『大日本文庫　神道篇　垂加神道　上巻』春陽堂、一九三五年
大野晋・大久保正編集校訂『本居宣長全集　第九巻』筑摩書房、一九六八年
大野晋・大久保正編集校訂『本居宣長全集　第十一巻』筑摩書房、一九六九年
大野晋・大久保正編集校訂『本居宣長全集　第十二巻』筑摩書房、一九七四年
大野晋・大久保正編集校訂『本居宣長全集　第十八巻』筑摩書房、一九七三年
安蘇谷正彦『現代の諸問題と神道』ぺりかん社、二〇〇一年
稲垣栄洋『オスとメスはどちらが得か?』祥伝社、二〇一六年
上田賢治『神道のちから』たちばな出版、一九六七年（一九八八年再刊・一九九五年再々刊）
加藤周一『日本文学史序説　上』筑摩書房、一九七五年
九鬼周造『「いき」の構造　他二篇』岩波書店、一九七九年
高埜利彦『天下泰平の時代』岩波書店、二〇一五年
司馬遼太郎『街道をゆく13　壱岐・対馬の道』朝日新聞出版、二〇〇八年〈本書は一九八五年刊の新装版〉、一九〇〇年
島田虔次『朱子学と陽明学』岩波書店、一九六七年
田尻祐一郎『江戸の思想史』中央公論社、二〇一一年
徳橋達典『吉川神道思想の研究　吉川惟足の神代巻解釈をめぐって』ぺりかん社、二〇一三年

徳橋達典『日本書紀の祈り　多様性と寛容』ぺりかん社、二〇一八年
中島岳志『「リベラル保守」宣言』新潮社、二〇一三年
萩原龍夫『巫女と仏教史――熊野比丘尼の使命と展開』吉川弘文館、一九八三年
橋本治『父権性の崩壊　あるいは指導者はもう来ない』朝日新聞、二〇一九年
松前健『日本神話の新研究』桜楓社、一九六〇年
松本信宏『日本神話の研究』平凡社、一九七一年
大林太良『日本神話の起源』徳間書店、一九九〇年
三浦佑之『口語訳　古事記　完全版』文芸春秋社、二〇〇二年
三浦佑之『古事記講義』文芸春秋、二〇〇七年
三島由紀夫『葉隠入門』新潮社、一九八三年（光文社、一九六七年の再刊）
三谷栄一『古事記成立の研究――後宮と神祇官の文学――』有精堂、一九八〇
森朝男『恋と禁忌の古代文芸史　日本文芸における美の起源』若草書房、二〇〇二年
アードルフ・E・イェイゼン著、大林太良訳『殺された女神』弘文堂、一九七七年
アンドリュー・ガーストル『江戸をんなの春画本　艶と笑の夫婦指南』平凡社新書、二〇一一年
カール・セーガン著、青木薫訳『人はなぜエセ科学に騙されるのか（上）』新潮社、二〇〇〇年
バートランド・ラッセル著、安藤貞雄訳『ラッセル結婚論』岩波書店、一九九六年
ミシェル・オダン著、大田康江 訳、井上裕美 監訳『お産でいちばん大切なこととは何か:プラスチック時代の出産と愛情ホルモンの未来』メディカ出版、二〇一四年。「Fatherhood Debate:Birth is no place for a Father?」『Royal College of Midwives 24-11-09』
東京国立博物館・NHK・NHKプロモーション・朝日新聞社編集『特別展　縄文――一万年の美の鼓動　図録』NHK・NHKプロモーション・朝日新聞社、二〇一八年
宮地直一、佐伯有義監修『神道大辞典』初版、平凡社、一九三七年、縮刷版、臨川書店、一九八六年

『世界大百科事典　第二版』平凡社、二〇〇五年
大野晋「記紀の創世神話の構成」『文学33―8』一九六五年
小島憲之『上代日本文学と中国文学　出典論を中心とする比較文学的考察　上』塙書房、一九六二年
佐藤茂美・池添博彦「上代における身体性の考察――左と右について――」『帯広大谷短期大学紀要　第42号』帯広大谷短期大学、二〇〇五年
難波美緒「『阿豆那比の罪』に関する一考察」『早稲田大学大学院文学研究科紀要　第四分冊』早稲田大学大学院文学研究科、二〇一三年
由井秀樹「日本初の人工授精成功例に関する歴史的検討・医師の言説を中心に」『コア・エシックス』立命館大学大学院先端総合学術研究科、二〇一二年

あとがき

二本の脚ですくと立つ白鷺一羽。身じろぎもせず餌を待つ。水面に映るその鏡像は波に揺らいで微かに踊る。静止する実像が陰なのか、波動する幻影が陽なのか。あるいはその逆なのか。大榑川（おぐれがわ）に架かる平輪橋（ひらわばし）のうえで、鷺を眺めてもの思う。

水門の向こうには、伊吹山を背にした揖斐川が養老山地に沿って流れている。この川は長良川とも合流し、濃尾平野の西端を縦貫しながら伊勢湾に至る。この一帯は日本武尊（ヤマトタケルノミコト）の終（つい）の旅路である。日本武尊は東征の帰路に病み、力尽きて、故郷を想いながら、白鷺になって飛んでいく。

流域に立つ高木の樹上には、鷺たちのコロニーがある。白鷺と呼ばれるダイサギ、チュウサギ、コサギをはじめ、アオサギ、アマサギ、ゴイサギなど、数多の鷺は固定種に限らず共生し、集団で営巣するのが習性なのだという。近年、こうした営巣地は鷺たちの羽毛や糞便の飛散、悪臭や鳴き声による生活被害が報告され、メディアでも話題にされている。鷺たちにしてみれば、人が住むよりずっと昔から、樹上で陰陽を営み、子孫を育て、いのちを継いできたのだが。

今、生きている我々にもあまねく父と母がいる。由緒正しき家系図も、誇る名もない民草（たみぐさ）が、何の実（み）もなく、種（たね）もなく、そこかしこからニョキニョキと、湧いて芽吹いた訳ではない。民にも歴とした系譜が備えられている。ただそれは書き残されなかっただけである。

親の親からその親へ、元の元へと遡るなら、徳川家康が江戸に幕府を開いたときも、紫式部が『源氏物語』をしたためたときも、舎人親王らが『日本書紀』をまとめたときも、卑弥呼が鬼道につかえたときも、我々の御先祖様は、必ずや、その場にその場に生きて存在していたはずである。

縄文の遥かにもっと昔から、高山や凍土を越えて、海峡や砂漠を渡り、狩猟漁労に勤しみ、農耕に励み、自然がもたらす災害や人為の戦禍を掻い潜り、絶え間なくいのちを継いで生きてきた。そして、陰陽の営みにより、授かったのが、我々一人一人のいのちといえる。

私自身はいい息子でも、いい夫でも、いい父親でもない。そんな私が屈託なくいのちのつながりを語り得たのも、朗らかな家族に恵まれ、優しい人々に囲まれて、平和な日々を生きてこられたからだと感謝する。

平成の日本は多くの災害に見舞われたものの、他国との戦争や紛争を一度も起こすことはなかった。我々は不戦に徹した平成の時代に感謝し、また、これを誇るべきである。とはいえ、日本のみならず、世界中にある数多の国々や地域は相互に深く結びつき、もはや紛争や戦争は当事国のみで済まされる状況にはない。

世界の至るところでは、今この瞬間も、多くの無辜の民が人為による戦渦に巻き込まれ、いのちを奪われ、家族を失っている。国際社会はこうした状況を認知しているものの、何も解決できないでいる。覇者たちの飽くなき闘争は、結果として、世界中に怨嗟の種を蒔き散らすことになる。

日本は平成から令和に御代替りした。令和は〝令（よ）き和〟とも〝和せしむ〟とも読める。さらに平成と令和を合わせるなら、〝令（よ）き平和成る〟あるいは〝平和成らしむ〟などともいえる。こうした元号に込められた思いに触れ、改めて、覇王としてではなく、太平を祈る祭主として、古から〝民やすかれ〟と人々の安寧を祈り続けてきた無私の御存在に改めて心を寄せたい。

令和二（二〇二〇）年、日本初の官撰国史とされる『日本書紀』は、成立一三〇〇年を迎える。こうした稀有な節目に当たり、『日本書紀の祈り――多様性と寛容――』に引き続き、本書『日本書紀の系譜――いのちとつながり――』刊行に際しても快くご協力くださり、その折々に貴重なご意見をいただいたぺりかん社編集部の小澤達哉氏に深く感謝申し上げたい。また、私の写真に幽玄な趣を加え、新たないのちを与えていただいた装訂の鈴木衛氏に記して謝意を表したい。

令和二年二月十一日

徳橋達典

著者略歴

徳橋 達典（とくはし たつのり）

1964年、東京都生まれ。國學院大學大学院文学研究科博士課程修了。博士（神道学・國學院大學）。共同通信社ビジュアル報道局写真部次長を経て、現在、今尾神社禰宜・國學院大學兼任講師。

専攻―神道学・神道史

著書・論文―『吉川神道思想の研究　吉川惟足の神代巻解釈をめぐって』（ぺりかん社）、『日本書紀の祈り　多様性と寛容』（ぺりかん社）、「吉川惟足の葬祭論の一考察――保科正之の神葬祭をめぐって」（『神道宗教』193号）、「吉川惟足の神籬磐境の伝の要諦」（『神道宗教』219号）など

装訂　鈴木 衛

日本書紀の系譜（にほんしょきのけいふ）
いのちとつながり

2020年3月20日　初版第1刷発行

著　者　徳橋 達典

発行者　廣嶋 武人

発行所　株式会社 ぺりかん社
〒113-0033 東京都文京区本郷1-28-36
TEL 03(3814)8515
http://www.perikansha.co.jp/

印刷・製本　モリモト印刷

ISBN 978-4-8315-1554-4

日本書紀の祈り	徳橋達典著	二八〇〇円
吉川神道思想の研究	徳橋達典著	六八〇〇円
神道思想の形成	安蘇谷正彦著	二九〇〇円
神道の生死観	安蘇谷正彦著	四〇〇〇円
日本の伝統と宗教	安蘇谷正彦著	二三〇〇円
神道とはなにか	安蘇谷正彦著	一九〇〇円

◆表示価格は税別です。

古事記の「こころ」　小野善一郎著　二八〇〇円

神道思想史研究　高橋美由紀著　六八〇〇円

伊勢神道の成立と展開　高橋美由紀著　五八〇〇円

女性神職の近代　小平美香著　五四〇〇円

近世神道と国学　前田 勉 著　六八〇〇円

近世朝廷と垂加神道　磯前順一・小倉慈司編　六八〇〇円

◆表示価格は税別です。